Für meine Familie

Die Kurzgeschichten spielen hauptsächlich in bekannten Regionen, doch bleiben die Geschehnisse reine Fiktion. Die Figuren dieser Kurzgeschichten sind frei erfunden. Ähnlichkeiten mit lebenden oder verstorbenen Personen sind nicht beabsichtigt und wären rein zufällig.

2. Auflage, 2024

Bibliografische Information der Deutschen Nationalbibliothek
Die Deutsche Nationalbibliothek verzeichnet diese Publikation in der Deutschen Nationalbibliografie; detaillierte bibliografische Daten sind im Internet abrufbar über https://www.dnb.de

www.niemeyer-buch.de

Umschlaggestaltung: C. Riethmüller
Der Umschlag verwendet Motiv(e) von 123rfcom
Druck und Bindung: Zimmermann Druck + Verlag GmbH, Balve
Printed in Germany
ISBN 978-3-8271-9330-8

Spannende Geschichten
aus dem Harz

von Roland Lange

Inhalt

Mirror-Eggs oder: Tod eines Wildschweins

Irene Schrader war es leid. Einfach alles! Das Weihnachtsfest, das kurz bevorstand, die Kälte, den tiefen Schnee, die mondlose Nacht, den *Welt-Wald* vor den Toren Bad Grunds. Vor allen Dingen aber hatte sie endgültig die Nase von ihrem Scheiß-Ehegatten voll! Von Karl-Heinz Schrader, dem Tischler, den sie unten in der Bergstadt alle nur Eggs nannten. Weil er einmal, auf einer achttägigen Reise des Kegelklubs nach Irland, im Hotel zum Frühstück Spiegeleier bestellt hatte. Auf Englisch.

„Can I have Mirror-Eggs?“, hatte er doch tatsächlich gefragt und war sich ganz toll dabei vorgekommen. Eine Blamage! Eine Demütigung! Weniger für ihn, den unsensiblen Bock, der das Hohngelächter eher wie eine Auszeichnung aufgefasst hatte. Aber sie, die Frau an seiner Seite, hatte sich in Grund und Boden geschämt.

Als sie jetzt den Baum ächzend hinter sich her schleifte und bei jedem Schritt bis zu den Knien im Schnee versank, fragte sie sich, welches Kraut ihr damals, vor fünfundzwanzig Jahren, derart zu Kopf gestiegen war, dass sie sich widerstandslos von Eggs zum Traualtar hatte schleppen lassen. Sie wusste nicht, wie oft sie sich diese Frage in den zurückliegenden Jahren schon gestellt hatte. Hundert Mal? Tausend Mal? Es ging wohl eher gegen unendlich. Natürlich war es ihr immer wieder in den Sinn gekommen, sich von ihm zu trennen. Ihre Tochter war längst aus dem Haus. Geflohen mit sechzehn vor einem Haustyrannen und einer feigen Mutter, die nicht den Mumm besaß, ebenfalls ihre Siebensachen zu packen und das Weite zu suchen. Die ängstlich vor ihrem Mann spurte, die seine Wutausbrüche und Handgreiflichkeiten ertrug und ihn obendrein noch tröstete, wenn er reumütig angekrochen kam und um Verzeihung bettelte. Mehr als einmal hatte sie Fluchtpläne geschmiedet und es letztendlich doch nicht geschafft, sie in die Tat umzusetzen. Stattdessen kuschte sie, machte, was er von ihr verlangte. Wie jetzt, wenige Tage vor Heiligabend.

Das Weihnachtsfest war Eggs wichtig. Alles folgte einem strengen Ablauf und hielt sich an feste Rituale. Der Besuch der Christvesper und des Krippenspiels in der St.-Antonius-Kirche am Markt gehörten ebenso dazu wie Bockwurst mit Kartoffelsalat an Heiligabend und der Gänsebraten an den Feiertagen. Den größten Wert legte Eggs jedoch auf einen prächtigen Weihnachtsbaum. Mindestens zwei Meter fünfzig hoch musste er sein, von schlankem, geradem Wuchs, mit einem dichten, gesunden Nadelkleid. Keine billige Fichte, sondern ein edleres Gewächs. Ein Baum, wie man ihn nicht kaufen konnte, und wenn doch, dann nur für viel Geld – Geld, das Eggs nicht übrig hatte und das er ohnehin nie ausgab. Wozu auch? Die Wälder rund um Bad Grund standen voll mit den schönsten Bäumen. Er war der Meinung, dass sie nur auf ihn warteten, damit er sich einen von ihnen holte. Nachts, wenn die Stadt schlief und er sicher sein konnte, dass ihm niemand auf die Schliche kam. Ausgerüstet mit Axt, Bügelsäge und Strick fuhr er los. Und sie, Irene, musste mitkommen. Er brauchte sie für die Handlangerarbeiten, für das Buckeln und Schleppen. Eggs beschränkte sich auf das Fällen des Baums und gab ansonsten nur die Kommandos, denen sie still in sich hineinfluchend Folge leistete. So wie jetzt. Elende Dunkelheit! Scheiß-Kälte! Verfluchter Schnee! Vor allen Dingen aber: Eggs, du verdammter Drecksack! Ihre klammen Finger in den feuchten Handschuhen schmerzten. Keuchend kämpfte sie sich den Hang Meter um Meter nach oben.

Ausgerechnet ins Arboretum hatte er mit ihr marschieren müssen, in diesen Wald mit seinen exotischen Bäumen aus aller Welt. Eine kanadische Tanne hatte sich Eggs in den Kopf gesetzt, eine, die es so nur im *WeltWald* gab. Sie hatte nicht protestiert, sondern sich wie immer widerwillig in ihr Schicksal gefügt.

„Ich bringe ihn um“, brabbelte Irene leise vor sich hin, „irgendwann bringe ich ihn um.“

Eggs konnte sie nicht hören. Er war schon etliche Meter voraus und das knirschende Stapfen durch den Schnee entfernte sich immer weiter. Sie schleppte sich noch ein paar Meter vorwärts, dann hielt sie an. Sie brauchte eine kurze Pause, um ein wenig durchzuschnaufen. Einen Moment den Baum ablegen, die Handschuhe ausziehen und die steifen Finger mit ihrem warmen Atem anhauchen. Um sie herum war alles so friedlich. Eine beinahe heilige Stille. Sie schaute zur Seite auf eine nachtschwarze Wand aus Bäumen und Sträuchern. Doch ihr Blick ging weiter, durchdrang das Dunkel, mündete in Traumbildern. Sie sah ein Wohnzimmer vor sich, gewärmt vom knisternden Holz im Kamin, sah einen Baum mit viel Lametta und bunten Kugeln, die im Schein der traditionellen Wachskerzen erstrahlten. Sie betrachtete den festlich dekorierten Tisch, voll beladen mit leckeren Speisen. Um den Tisch herum saßen ihre Kinder und Enkelkinder mit leuchtenden Gesichtern, und an der Stirnseite thronte das Familienoberhaupt. Nicht Eggs. Dort saß ein anderer Mann. Der einzige Mann, mit dem sie sich ein frohes und harmonisches Weihnachtsfest vorstellen konnte. Der Mann, der so unerreichbar für sie war, wie die Sterne, die sich hinter der dichten Wolkendecke verbargen.

„Sag mal, bist du bescheuert? Was stehst du hier rum und starrst Löcher in die Luft?", zischte es plötzlich in ihr Ohr. Der Schreck riss ihr beinahe das Herz aus dem Leib.

Eggs! Unbemerkt war er zurückgekehrt. Jetzt stand er ganz dicht neben ihr und blitzte sie mit wütenden Augen an. Sein schaler Atem ließ sie würgen. Es war das Sodbrennen, das ihn seit einiger Zeit mit dieser unerträglichen Aura umgab. Ein weiterer Grund, sich ihm nicht aus freien Stücken zu nähern.

„Jetzt komm endlich in die Strümpfe, verdammt noch mal!" Eggs versetzte ihr einen Stoß gegen die Schulter, der sie leicht straucheln ließ. „Oder willst du, dass uns noch einer erwischt? Nur weil du so rumtrödelst?"

Wäre gar nicht schlecht, erwischt zu werden, dachte sie. Dann würden sie Eggs vielleicht einbuchten. Andererseits – mitgefangen, mitgehangen. Irene seufzte und zog sich wieder ihre Handschuhe über. Sie beugte sich zum Weihnachtsbaum hinab, packte den Stamm, hob den Baum an.

„Ich bringe ihn um! Irgendwann!" Jetzt, in seiner unmittelbaren Nähe, dachte sie die Worte nur. Ein tiefer Atemzug, dann setzte sie sich langsam in Bewegung. Eggs war schon wieder ein paar Schritte voraus, legte aber ein etwas langsameres Tempo vor.

Es raschelte. Das war nicht ihr Mann, der auf seinem Weg zwischen den Bäumen hindurch dürre Äste streifte. Das Geräusch kam von links aus dem Unterholz. Ein Tier? Durchaus denkbar. Das Arboretum steckte voller Wild. Sie hatte Spuren gesehen. Vorhin. Vermutlich ein Fuchs. Aber Füchse schlichen lautlos durch den Schnee. Es musste etwas Größeres sein. Ein Reh? Ja, gut möglich. Oder ein Wildschwein? Besser nicht. Es war kein Spaß, mit einem Wildschwein zusammenzutreffen. Hatte sie mal gehört. Auch war sie nicht scharf darauf, einem Wolf zu begegnen, der sich auf seiner Wanderung in den Harz verirrt hatte. Wieder raschelte es. Sie verharrte in der Bewegung. Lauschte angestrengt. Stille. Das Geräusch wiederholte sich nicht. Dafür hörte sie plötzlich ein leises, scharfes Zischen. Nur für den Bruchteil einer Sekunde. Und dann sah sie, wie Eggs umfiel. Einfach so. Wie in Zeitlupe. Ohne einen Ton von sich zu geben, kippte er ganz langsam nach vorn über, blieb liegen und regte sich nicht mehr. Eine unwirkliche Szene. Irene registrierte alles mit den Augen, begriff aber nicht, was sich da gerade abspielte. Sie ließ den Baum los, stolperte hinüber zu der Stelle, wo Eggs zu Boden gegangen war.

Er lag der Länge nach auf dem Bauch. Die Pudelmütze, die sie ihm schon vor Jahren gestrickt hatte, war ihm durch den Aufprall im Schnee von der Stirn nach hinten gerutscht und wölbte sich wie ein kleiner roter Berg in seinem Nacken auf. Axt und Bügelsäge, die er mit dem Seil zusammengeschnürt hatte, lagen neben ihm. Noch immer hielt er das Seilende fest mit der Hand umklammert. Den Pfeil, der aus seinem Rücken ragte, nahm sie erst Sekunden später wahr. Nicht, dass sie ihn übersehen hätte. Aber einen Moment lang hatte sich ihr Gehirn geweigert, die Information zu verarbeiten. Ein Pfeil! Sie starrte ungläubig auf den langen, dünnen Schaft mit dem gefiederten Ende. Deshalb war Eggs zusammengebrochen! Sie brauchte nicht lange zu fühlen und zu tasten, um zu wissen, dass er tot war. Mausetot.

Wer hatte den Pfeil abgeschossen? Indianer lebten keine in der Gegend. Davon hätte sie gehört. Aber wer dann? Nirgends regte sich etwas. War es vielleicht ein Engel gewesen? Eine Lichtgestalt, gesandt von einem guten Geist, der ihr stummes Flehen erhört hatte? Gesandt, um sie von ihren irdischen Qualen namens Karl-Heinz Schrader zu erlösen? Eine Art himmlisches Weihnachtsgeschenk? Oder doch nur ein Irrer, der gleich aus seinem Versteck heraus den nächsten Pfeil auf sie abfeuern würde?

„Holy shit! What the hell ...?“, unterbrach eine Stimme ihre Gedanken.

Irene schnellte aus der Hocke hoch, wirbelte herum, sah einen großen, kräftigen Mann hinter sich stehen. Ganz in Oliv gekleidet, einen Bogen in der Hand, auf dem Rücken einen mit Pfeilen gefüllten Köcher. Weit aufgerissene Augen in einem mit schwarzer Paste zugekleisterten Gesicht. Eine dunkelbraune Strickmütze auf dem Kopf. Er sah aus wie ein Dämon. Wie eine Ausgeburt der Hölle.

Sie kreischte vor Angst. Hell und spitz hallte ihr Schrei durch die schwarze Winternacht.

„Irene?“

Es dauerte ein paar Sekunden, ehe seine Stimme zu ihr durchdrang und ihr Bewusstsein erreichte. Da verstummte sie. Ganz plötzlich.

„Ryan?" Es war nur ein Flüstern, das sie von sich gab. Wie ein schwacher Windhauch, der trockenes Laub aufwirbelt.

„Ja. Ich bin's. Ryan."

Wie war das möglich? Wie kam der Mann, mit dem sie Eggs während ihrer Kegelklubtour in Irland betrogen hatte, hierher nach Bad Grund in den *WeltWald*? War er ein Trugbild, heraufbeschworen durch den Schock, den die Leiche zu ihren Füßen in ihr ausgelöst hatte? Der Mann, der seit jener gemeinsamen Nacht in der irischen Lodge durch ihre sehnsuchtsvollen Träume geisterte, konnte ihr nicht wirklich gegenüberstehen!

Vorsichtig streckte Irene ihre zitternde Hand aus, tippte ihn an, stieß auf Widerstand. Doch, er war echt! Kein Trugbild.

„Tatsächlich. Du bist es", stöhnte sie.

Er schob sich an ihr vorbei, starrte auf den Toten: „Was ... was habe ich getan?", stammelte er bestürzt. „Ich ... ich dachte, ich hätte auf ein ... Wildschwein geschossen." Sogar in seiner Fassungslosigkeit sprach er noch perfekt Deutsch.

Sie hatte sich gefangen und legte ihm sanft die Hand auf den Arm. Mit leiser Stimme tröstete sie ihn: „Du hast auf ein Wildschwein geschossen, Ryan. Er war eins, glaub mir." Sie zog ihn zu sich herum, blickte ihm in die irrlichternden Augen. „Wie kommst du eigentlich hierher? Was sucht ein irischer Banker in den Harzer Wäldern? Kurz vor Weihnachten und mitten in der Nacht? Und dazu in diesem Aufzug?"

Ryan ging nicht auf ihre Fragen ein. „Wir müssen die Polizei benachrichtigen", murmelte er und blickte sich dabei ängstlich um.

„Bist du wahnsinnig?", brauste Irene auf. Gerade erlebte sie die schönste Weihnachtsbescherung, die sie sich denken konnte. Und die sollte sie sich von der Polizei wieder kaputtmachen lassen? Niemals!

Es gelang ihr, Ryan schnell von seinen dummen Gedanken abzubringen. Sie nahm seine Hand und zog ihn mit sich zu dem entwurzelten Bäumchen gleich hinter der Leiche. Behutsam stiegen sie über Eggs hinweg, hockten sich auf den Stamm. Ryan beruhigte sich und begann schließlich zu erzählen. Sein Onkel, der Letzte seiner Angehörigen, war vor zwei Jahren gestorben und hatte ihm ein millionenschweres Erbe hinterlassen. Seitdem arbeitete Ryan nicht mehr, lenkte sich stattdessen mit immer verrückteren Abenteuern von seiner Langeweile ab.

„Seit einer Woche streife ich allein durch den Harz. Nur mit Pfeil und Bogen und den paar Sachen, die ich am Leib trage. Ich meide Menschen, halte mich abseits jeglicher Verkehrswege und Ansiedlungen. Ich schlafe im Freien und ernähre mich von dem, was die Natur mir bietet. Survivaltraining. Ich wollte wissen, wie das ist und ob ich das durchhalte."

Irene blickte ihn mild lächelnd an. Bescheuert, dachte sie. Völlig bescheuert. Aber liebenswert. Sie kuschelte sich dicht an ihn. „Weißt du, dass ich seit unserer Nacht immer nur an dich gedacht habe?", fragte sie verträumt.

„Mir geht es genauso", erwiderte er und hauchte ihr einen Kuss auf die Stirn.

„Ehrlich?" Sie blickte in sein verschmiertes Gesicht. „Und was ist mit anderen Frauen?"

Er schüttelte den Kopf: „Die hat es nie gegeben. In meinem Herzen warst immer nur du."

„Und du in meinem. Trotz Eggs ... oder gerade seinetwegen." Sie warf einen schnellen, verächtlichen Blick auf die Leiche zu ihren Füßen, die reglos und kalt die Liebesschwüre des turtelnden Paares ertrug.

Dann schwiegen sie, ließen sich vom Frieden des nächtlichen *Welt-Waldes* umfangen. Dankbar für ihr unerwartetes Glück blickte Irene gen Himmel, sah, dass die Wolkendecke aufriss und der Mond sein fahles Licht zur Erde sandte. Für einen kurzen Moment glaubte sie, dort oben ein Gesicht zu erkennen, ein Gesicht, das ihr freundlich zulächelte. Dann war der Moment auch schon wieder vorbei.

„Sag mal, Ryan, was hältst du von der Karibik?", fragte sie plötzlich.

„Was?"

„Karibik. Heiligabend unter Palmen. Wäre das nichts?"

Ryan nickte zustimmend. Gleichzeitig zeigte er auf die Leiche: „Und er?"

Irene zuckte mit den Achseln: „Na, was schon? Eggs bleibt natürlich hier. Wir können ihn ja schlecht mitnehmen."

Wenig später schleppten sie den Toten ein Stück ins Unterholz, zogen ihm den Pfeil aus dem Rücken und bedeckten ihn mit den Ästen von Irenes Weihnachtsbaum. Danach blieben sie einen Moment andächtig vor dem improvisierten Grab stehen und wünschten dem toten Eggs in stummer Übereinkunft ein gesegnetes Weihnachtsfest. Auch wenn er es nicht verdient hatte. Trotzdem. Das gebot ihnen der Anstand.

Es begann zu schneien.

Irene und Ryan fassten sich bei den Händen und wandten sich ab. Das Fest der Liebe erwartete sie. Während der Flockenwirbel immer dichter wurde und das Grab und sämtliche Spuren mit einer unschuldig-weißen

Decke überzog, stapften die beiden Turteltauben einer gemeinsamen, glücklichen Zukunft entgegen.

Killin' Santa

Sie hatten es geschafft! Sie waren dabei! Sie würden beim *Heavy Christmas* in Förste spielen. In der Mehrzweckhalle des kleinen Vorharzortes.

Immer am 23. Dezember, also einen Tag vor Heiligabend, fand dieses Event schon seit weit mehr als dreißig Jahren statt. Ein fester Termin für die Metalgemeinde über die Grenzen des Dorfes und der Region hinaus. Eine laute Einstimmung auf die folgenden, leiseren und besinnlichen Tage. Noch einmal zusammen abfeiern, es richtig krachen lassen, ehe man sich für eine Weile in traute familiäre Gefilde zurückzog.

Es waren nicht die ganz so großen Namen, die auf der nicht ganz so großen Bühne standen. Allerdings konnten sich die drei Bands, die an dem Abend ihre Show abliefern durften, für weitere Großtaten empfehlen, wenn sie das Publikum überzeugten.

Aber halt! Erst mal zurück auf Anfang.

Die, von denen hier die Rede ist, die, die es geschafft hatten, waren vier Jungs, die sich dem Metal verschrieben hatten. Das war ihre Musik. Die hörten sie, die spielten sie miteinander. Etwas anderes kam nicht infrage. Irgendwo zwischen Death, Black und Trash Metal bewegten sie sich mit dem, was sie ihren Instrumenten entlockten.

Tim spielte Bass, Jan bearbeitete die Rhythmusgitarre. Und dann waren da noch Philipp und Luca. Beide kannten sich mit Elektrotechnik aus. Philipp stand kurz vor der Gesellenprüfung als Elektroniker mit der Chance, seine Ausbildung als Jahrgangsbester abzuschließen. Er spielte Schlagzeug. Luca wiederum quälte sich mehr schlecht als recht durch ein Elektronikstudium. Bis auf Luca kannten sie sich von klein auf. Luca stieß erst zu ihnen, als sie kurz vor dem Schulabschluss standen. Er war, wie sie, glühender Metalfan, er spielte ein bisschen Gitarre und, das Wichtigste, er kam aus einem reichen Elternhaus. Ein unschätzbarer Vorteil, wenn man eine Band gründen wollte und eine Menge teures Equipment brauchte, um über den Status einer Lagerfeuer-Combo hinauszukommen. Das benötigte Kleingeld konnte und wollte Luca für die Bandausrüstung hergeben. Aber alles hat seinen Preis und rückblickend hätte Philipp sich lieber nicht breitschlagen lassen sollen von seinen beiden Freunden aus Kindertagen, um mit ihnen den Pakt mit dem Teufel einzugehen.

Na ja, ein Teufel war Luca vielleicht nicht, aber zumindest ein riesengroßer Kotzbrocken. Wie selbstverständlich sah er sich als Bandleader, nach dem Motto: Mein Geld (das ja genau genommen seines Vaters Geld war), meine Band. Er bestimmte die Musikstücke, die auf ihre Setlist kamen. Er gab der Band den Namen und nannte sie *Captain Nemo*. Luca war großer Jules-Verne-Fan, was die Sache erklärte. Damit hätte Philipp leben können, wäre Luca nicht so ein aufgeblasener Selbstdarsteller gewesen. Als Frontmann, so dessen Überzeugung, müsse er natürlich für die Show sorgen, das Publikum mitreißen. Die Leute wollen etwas geboten bekommen, auch optisch, das war sein Credo. Daran war nichts auszusetzen. Allerdings nicht so! Nicht einmal seine Bandkollegen hatten auch nur im Entferntesten geahnt, dass er bei ihrem ersten Auftritt vor etwas größerem Publikum – es mochten etwa hundert Zuhörer im Saal gestanden haben – im Taucheranzug auf die Bühne schlappen und dabei auch noch über die sperrigen Schwimmflossen stolpern würde. Gerade so hatte er sich fangen können, bevor er im Fallen ein Chaos auf der Bühne angerichtet hätte. Das Publikum hatte sich jedenfalls vor Lachen gebogen über sein ungelenkes Herumgestolper im Neoprenanzug, mit Taucherbrille und Schnorchel. Vielleicht ganz gut, denn so waren Lucas grottenschlechtes Gitarrenspiel und seine Growls, die eher einem dilettantischen Grölen glichen, nicht weiter aufgefallen. Er war derjenige in der Band, der musikalisch hinterherhinkte, sich aber für den Größten hielt.

Noch zwei Auftritte folgten: auf einem Dorffest und beim Vereinstreffen der *Motorradfreunde Harzbiker*. Die Sache mit dem Taucheranzug hatte sich herumgesprochen und war wohl der Grund für die Engagements gewesen.

Dann kam die Einladung zum *Heavy Christmas*. Rückblickend fragte sich Philipp, wer den Deal eingefädelt haben mochte. Ihre begrenzten musikalischen Fähigkeiten durften kaum ausschlaggebend gewesen sein. Damit hatten sie bis zu dem Tag nicht wirklich überzeugen können. Und der Taucheranzug? Eher kein Argument für einen Gig bei diesem Event! Aber als der Vertrag vor ihnen lag, hatten sie nicht nach dem Wie und Warum gefragt. Sie waren einfach nur aus dem Häuschen gewesen und hatten gleichzeitig gewusst, sie mussten sich richtig reinhängen. Sie mussten üben, bis die Saiten glühten und die Trommelfelle rissen.

Sie wurden besser – bis auf Luca, der nur marginale Fortschritte machte. Er selbst war allerdings vom Gegenteil überzeugt, sah sich auf einem hohen Level, das seine Mitspieler erst einmal erreichen mussten. Besonders Philipp machte er für ihr zähes Vorankommen verantwortlich. „Strippe", der Strippenzieher, wie er ihn verächtlich nannte, dresche wie ein Holzhacker auf seinem Drumset herum, könne keinen Takt halten und überhaupt! Dabei war Philipp der Einzige in der Gruppe, der eine solide Ausbildung an seinem Instrument vorweisen konnte. Niklas Kahl, Drummer bei Lord of the Lost, einer Dark Rockband, die internationale Erfolge in ausverkauften Hallen und Stadien feierte, hatte ihm das Schlagzeugspielen von der Pike auf beigebracht.

Luca ignorierte diese Tatsache ebenso wie Philipps flexibles Spiel, das seine eigenen Schwächen so gut wie möglich ausbügelte. Stattdessen motzte er an ihm herum, machte ihn lächerlich, wo er nur konnte. Zu gern hätte Philipp die Drumsticks in die Ecke gefeuert und der Band den Rücken gekehrt. Er tat es nicht, weil er seinen beiden Kumpels Tim und Jan nicht in den Rücken fallen wollte. Für sie war *Heavy Christmas* das Größte, und das wollte er ihnen nicht versauen, indem er die Band sprengte.

Zwei Wochen vor ihrem Auftritt rückte Luca damit heraus, dass er den Bandnamen ändern werde. Aus *Captain Nemo* sollte *The Grinch* werden. Das klinge aggressiver, meinte er, es verkörpere mehr ihren Musikstil – rotzig, wütend, dreckig. Und für *Heavy Christmas* habe er auch gleich noch ein Stück geschrieben, das unglaublich passend sei und einschlagen werde wie eine Bombe, erklärte er den sprachlosen Bandmitgliedern. „Killin' Santa" heiße es. Und eine Bühnendeko für den Auftritt und speziell für den Song habe er auch schon in Auftrag gegeben. Sein Vater habe gute Verbindungen zu Leuten, die so was bauen könnten. Dann beschrieb er die Figur, die schräg hinter Philipps Schlagzeug aufgebaut werden soll-

te: Ein überlebensgroßer Weihnachtsmann, gekrümmt, mit schmerzverzerrtem Gesicht und einem Dolch, nein, einem Schwert, das ihm im Rücken steckte und vorn aus seinem Bauch wieder heraustrat. Und Blut! Überall Blut. Sehr viel Blut! Der sterbende Santa Claus eben – gekillt vom Grinch.

Tim, Jan und Philipp waren gebügelt, fanden eine Namensänderung so kurz vor dem Auftritt problematisch und hatten Zweifel, ob ein Song mit solch einem Titel und eine derart martialische Darstellung des sterbenden Santa Claus nicht vielleicht doch die Gefühle des Publikums verletzten könne. Auch wenn sich die Metalgemeinde nach außen recht wild und bedrohlich gab, so steckte in den meisten Metalheads doch ein empfindsames Herz, das vermutlich gar nicht damit einverstanden wäre, wenn der Weihnachtsmann auf derart barbarische Weise sein Leben ließe.

Luca ignorierte die Einwände, wischte sie einfach beiseite und konfrontierte sie mit weiteren Highlights für ihren Auftritt, oder besser: für seinen Auftritt. Er würde gleich zu Beginn der Show in einem Grinchkostüm hinter dem von einem Spot angestrahlten sterbenden Weihnachtsmann hervor auf die ansonsten abgedunkelte Bühne stürmen, in einen Glitterschauer gehüllt, den er selbst mit einer kleinen, am Gitarrenhals befestigten Pyrokanone auslösen würde. Das Ganze begleitet von einem monotonen, vom Computer eingespielten „Killin' Santa, Killin' Santa, Killin' Santa ...", ehe er schließlich am Mikrofon mit einem tierischen Growl in den Song einsteigen würde, unterstützt durch die brachiale Power von Bass, Rhythmusgitarre und ... äh ... ja, natürlich auch Schlagzeug.

Pyrotechnik? Dafür brauche man einen Kenntnisnachweis, meldete Philipp Bedenken an. Und eine Genehmigung der Behörden und ein Sicherheitskonzept seitens des Veranstalters.

„Kein Problem, alles schon eingetütet", klärte Luca ihn auf und konnte nicht umhin, noch ordentlich gegen ihn auszukeilen: „Wenn du Schiss hast, dann geh doch und spiel bei den Alpendudlern, aber nicht in 'ner Metalband. Für das, was du ablieferst, finden wir an jeder Straßenecke einen, der das besser kann."

Philipp schluckte auch diese Beleidigung, seinen beiden Freunden zuliebe. Allerdings war er ihre Arschkriecherei bei Luca allmählich leid. Er wusste nicht, ob er das Spiel noch lange mitspielen würde. Es war wenige Tage vor dem Auftritt beim *Heavy Christmas*, als Philipp noch einmal zurück in den Übungsraum musste, um sein Portemonnaie zu holen, das er liegen gelassen hatte. Luca war noch da, intensiv in eine Bastelei an seiner Gitarre vertieft.

„Machst 'n du noch hier?", fragte er erstaunt.

„Gitarre präparieren", knurrte Luca, dem Philipps Auftauchen offensichtlich nicht passte.

„Für deine Pyroshow?"

„Mhm ..."

„Und wie soll das funktionieren? Batteriezündung? Taster?"

„Frag nicht. Kapierst du sowieso nicht."

„Ach?" Philipp lachte auf. „Ich bin vom Fach, schon vergessen? Kenne mich ganz gut aus mit Elektrokrams. Auch wenn ich nicht studiere wie der große Zampano Luca."

„Mach mich bloß nicht an!"

„Mache ich nicht. Erklärst du es mir?"

„Okay." Luca schnaubte herablassend. „Also, pass auf ..." In einem unerwarteten Anfall von Großmut ließ er sich in die Karten schauen und erklärte Philipp bis ins kleinste Detail seine ausgeklügelte Technik. Sein Erfinderstolz war unüberhörbar. Der Funkenregen werde wahnsinnig effektvoll rüberkommen, war er sich sicher.

Philipp ließ ihn in dem Glauben, etwas Großartiges zusammengebastelt zu haben. Es war jedoch kein Hexenwerk und er hatte sofort erkannt, dass damit durchaus noch andere Sachen möglich waren als nur Funken zu versprühen. Gemeine, nicht ganz ungefährliche Sachen. Er steckte sein Portemonnaie ein und verabschiedete sich.

„Ach, äh ... Strippe ...", hielt ihn Luca zurück, als er schon an der Tür war.

„Ja?"

„Schlechte Nachricht für dich. Kann ich dir auch jetzt schon sagen. Wo du einmal hier bist."

„Aha. Und zwar?" Philipp wandte sich um, gespannt, womit Luca ihn jetzt wieder piesacken wollte.

„*The Grinch* wird in Zukunft ohne dich auskommen."

„Du willst mich rausschmeißen?" Die Nachricht kam dann doch etwas überraschend. „Du spinnst doch!" Philipp bebte vor Wut. „*The Grinch* ohne Drummer? Wie soll das denn gehen?"

Luca lachte auf. Hämisch. Schraubte an seiner Gitarre herum, sprach weiter, ohne ihn anzusehen. „Mit Drummer, Strippe, mit Drummer!

Aber mit einem, der fähig ist. Nicht so ein Penner wie du. Ein Kumpel aus meinem Semester wird den Job machen."

„Du bist so ein Arschloch!", presste Philipp zwischen den Zähnen hervor.

„Ach komm, bleib locker, Alter. Du findest bestimmt ein paar neue Leute. Die auf deinem Niveau spielen. Nicht ganz so anspruchsvoll. Und außerdem – beim Gig auf dem *Heavy Christmas* bist du ja noch dabei."

„Oh, dafür muss ich dir jetzt vermutlich noch dankbar sein!"

„Äh ... na ja, wäre angebracht, oder?"

Als Philipp die Tür des Übungsraums hinter sich geschlossen hatte, wusste er zweierlei. Erstens brauchte er mit Lucas Entscheidung, ihn aus der Band zu schmeißen, keine Rücksicht mehr auf seine Kumpel Tim und Jan zu nehmen. Wenn sie das überhaupt noch waren – echte Kumpel und nicht nur Speichellecker des selbst ernannten Godfather of Metal. Und zweitens würde Lucas Auftritt als Grinch ein wenig anders verlaufen als von ihm geplant.

Die Running-Order des *Heavy Christmas* sah vor, dass *The Grinch* am Abend des 23. Dezember als letzte Band auftrat. Wer immer die Reihenfolge festgelegt hatte – für Luca bedeutete das nicht weniger, als dass *The Grinch* der Headliner war. Entsprechend spielte er sich auf, konnte sich mit seinen Starallüren kaum bändigen. Genau das hatte Philipp erwartet. Er kannte Luca mittlerweile gut genug. Und darauf hatte er seinen Plan aufgebaut.

In der Umbaupause würde eine Freundin Philipps mit Luca am Merchandising-Stand ein Interview führen. Für ein neues Szene-Magazin (das es natürlich nicht gab). Sie würde ihn möglichst lange festhalten, damit er erst kurz vor dem Auftritt in sein Kostüm schlüpfen konnte und dann auch schon, schnell Gitarre umgehängt, auf die Bühne stürmen musste. Zeit genug für ihn, Philipp, ein paar Kleinigkeiten unbemerkt zu modifizieren. Luca würde währenddessen die Möglichkeit zur Selbstdarstellung wahrnehmen und bis zur letzten Sekunde auskosten.

Philipp hatte sich nicht getäuscht. Erst als nach dem Umbau das Bühnenlicht erlosch, trennte sich Luca von der vermeintlichen Reporterin und beeilte sich, hinter die Bühne zu kommen. Dann setzte auch schon der Einspieler vom Computer ein.

„Killin' Santa, Killin' Santa, Killin' Santa", dröhnte es dumpf aus den Lautsprecherboxen. Philipp, Tim und Jan stiegen im Dunkel auf die Bühne, nahmen ihre Plätze ein. „Killin' Santa, Killin' Santa …" Luca pulte nervös am Reißverschluss seines Grinch-Kostüms herum. Etwas hatte sich verhakt. „Killin' Santa, Killin' Santa …" Monoton und stampfend. Ein Schlachtruf. Ein Befehl, der von der Bühne dröhnte, von den ersten Reihen im Publikum aufgenommen wurde und sich wie eine Welle ausbreitete, bis die ganze Halle, von einem bedrohlichen Grollen erfüllt, bebte. „Killin' Santa, Killin' Santa …"

Dann, ein gleißender Spot auf den sterbenden Santa Claus neben Philipp gerichtet. Das war der Moment, in dem Luca mit einem krachenden Gitarrenriff, eingehüllt in eine glitternde, flirrende Wolke, hinter dem Weihnachtsmann hervor hätte auf die Bühne stürmen sollen.

Eigentlich.

Doch ein paar Sekunden lang passierte erst einmal gar nichts. Und dann gab es einen gewaltigen Donnerschlag, der Weihnachtsmann klappte nach vorn, ein paar undefinierbare Teile wirbelten durch die Luft und ein kreischender, brüllender Grinch stolperte aus dem qualmverhangenen Dunkel auf die Bühne. Die Gitarre baumelte ihm vor dem Bauch herum, der Gitarrenhals, abgerissen, schlackerte, nur von den Saiten gehalten, lose in der Luft. Der Grinch, oder besser: Luca, taumelte jaulend mal hierhin, mal dahin, presste sich mit rechts den linken Arm fest an den gekrümmten Körper. Das Kostüm, in dem er steckte, wies einige hässliche Löcher auf.

Die Killin'-Santa-Rufe blieben dem Publikum für einen atemlosen Moment im Hals stecken, ehe unbeschreiblicher Jubel angesichts des Veitstanzes losbrach, den Luca vollführte. Das war mal eine Show! So etwas hatten die Leute in dieser Form und Intensität noch nicht erlebt.

Jan begriff als Erster, dass irgendetwas faul war. Er bewegte sich von seinem Mikrofon weg, ein paar Schritte hin zum umgefallenen Weihnachtsmann, hob etwas vom Boden auf. Ein grünes Stück Grinch-Kostüm und noch etwas. Eine Sekunde lang stand er wie versteinert, den Blick starr auf den abgerissenen Daumen in seiner Hand gerichtet. Dann erbrach er sich. In einer Fontäne klatschte sein Mageninhalt auf die Bühne – Currywurst mit Pommes rot-weiß, die er sich kurz vor der Show noch einverleibt hatte.

Jetzt endlich schien auch das Publikum zu kapieren, dass die Dinge nicht so liefen wie sie sollten, zumal Luca zusammengebrochen war und zuckend am Boden lag. Unruhe machte sich breit, das Deckenlicht ging an und erhellte den Saal. Auf der Bühne tauchten Sanitäter auf und kümmerten sich um Luca, versuchten, ihn aus seinem Grinch-Kostüm zu befreien. Ordner und Hilfskräfte waren damit beschäftigt, das sich ausbreitende Chaos vor der Bühne irgendwie in den Griff zu kriegen. Tim rannte planlos zwischen den Verstärkern umher und Jan stand immer noch da und starrte keuchend ins Leere. Den Daumen hatte ihm ein Sanitäter inzwischen aus der Hand genommen. Er wurde noch gebraucht.

Philipp hatte eine Minute gewartet, vielleicht waren es auch zwei Minuten gewesen, dann war er hinten, durch den Backstagebereich, nach draußen gegangen. Besser gesagt: geschlendert. Fast schon gemütlich. Jedenfalls recht entspannt, während um ihn herum Hektik herrschte. Er stand etwas abseits an einen der alten Bäume gelehnt, die den Platz vor der Halle umsäumten, rauchte und sah den Besuchern zu, die nach draußen drängten. Er betastete den kleinen Zylinder in seiner Hosentasche. Eigentlich zu schade, ihn wegzuwerfen. Das Glitzerzeugs darin wäre sicher eine Bereicherung für das Silvesterfeuerwerk. Er nickte. War zufrieden mit sich. Dieses *Heavy Christmas* würde sich in das Gedächtnis der Leute eingraben. Ein grandioser Abend, der ganz nach Plan verlaufen war – nach seinem, Philipps, Plan.

The Grinch ist tot, dachte er schadenfroh grinsend. Es lebe der Weihnachtsmann!

Aufstand der Weihnachtsgänse

Die folgende Geschichte hätte sich wahrscheinlich überall ereignen können. Aber sie passierte nun einmal auf einem Geflügelhof am Rande der Kleinstadt Osterode am Harz.

Der Sommer neigte sich dem Ende zu, als in der Gänseschar auf den Wiesen hinter der Scheune und den Ställen nahezu unmerklich eine Veränderung vor sich ging. Die Wochen zuvor war ein Tag wie der andere verlaufen: fressen, trinken, schlafen und schnattern. Vor allen Dingen das – schnattern, was das Zeug hielt. Das Federvieh tat das, was die Menschen auf dem Hof von ihm erwarteten. Die Tiere fraßen das saftige Wiesengrün, bis fast nur noch trockene, sonnendurchglühte Erde mit ein paar gelbgrünen Stoppeln übrig blieb, sie stürzten sich flügelschlagend auf das Mastfutter und sahen ansonsten zu, dass sie sich nicht allzu sehr bewegten und ein schattiges Plätzchen unter den verkrüppelten Obstbäumen fanden. Fett werden, das war ihr einziges Lebensziel. Nur waren sich die Gänse dessen nicht bewusst.

Doch dann, es mochte Ende August gewesen sein, breitete sich eine Unruhe in der Gänseschar aus. Nicht wirklich greifbar, anfangs. Niemand hätte sagen können, was dafür die Ursache war. Aber es gab diese Stimmen in der Federviehherde, die gegen das bisher so ruhige Gänseleben, den alltäglichen Trott, anschnatterten. Erst nur vereinzelt und kaum hörbar, doch nach und nach immer lauter.

„Wir sollten vorsichtig sein", mahnten sie.

„Warum?", fragte die große Schar verständnislos und starrte neugierig auf die Handvoll Artgenossen in ihrer Mitte, die ihre besorgten Stimmen erhoben hatten. Sie begriffen nicht, was sie mit dieser Mahnung bezweckten.

„Weil wir in Gefahr sind. In Lebensgefahr."

„Was für ein Unsinn! So etwas haben wir ja noch nie gehört!"

„Doch! Sobald wir fett genug sind, werden unsere Menschen uns schlachten."

„Uns schlachten? Umbringen? Unsere Menschen? Unsere Ernährer und Freunde? Gaaagagagack!“ Schallend schnatterndes Lachen breitete sich in der Runde aus. „Was haben sie euch denn ins Futter getan?“

„Wir wissen es genau!“, beharrten die Abweichler.

„Ach ja? Und woher wisst ihr das so genau?“

„Die Krähen. Sie haben es uns erzählt. Es passiert immer wieder, sagen sie. Jedes Jahr um die gleiche Zeit. Bald geht es los. Bis zum Weihnachtsfest. Und dann lebt von uns niemand mehr.“

„Die Krähen?“ Lautstarke Empörung. „Ihr sprecht mit den Krähen?“

„Fake News! Alles Fake News!“, schnatterte ein aufgeregtes Gänsepaar in der hinteren Reihe. „Fake News! Lüge! Glaubt ihnen nicht!“

Die kleine Gruppe der Mahner verstummte. Eingeschüchtert durch die große Schar ihrer ungläubigen Geschwister. Aber dieses Schweigen war nicht von langer Dauer. Die Abweichler gaben keine Ruhe, führten Einzelgespräche, nahmen diejenigen zur Seite, von denen sie meinten, sie überzeugen zu können.

„Die Krähen haben es gesehen“, raunten sie.

„Was haben die gesehen?“

„Wie die Menschen unsere Geschwister umgebracht haben.“

„Aber es sind doch noch alle da! Niemand wurde umgebracht!“

„Doch, doch, im letzten Jahr. Überleg doch mal. Hat eine aus unserer Schar schon jemals ein Weihnachtsfest erlebt? Gibt es welche unter uns, die älter sind als wir?“

„Na ja ... nein. Wir sind alle gleich alt. Im Frühjahr geboren. Aber von dem Fest habe ich schon gehört.“

„Ach, wirklich? Von wem denn?“

„Na, von der wilden Verwandtschaft. Du warst doch dabei, als sie letztens vorbeikamen. Sie haben drüben auf dem Feld Pause gemacht.“

„Ja, ich erinnere mich. Zwei von ihnen haben kurz am Zaun mit uns gesprochen. Wollten in den Winterurlaub fliegen.“

„Richtig, danach sind sie zu ihrer Reisegruppe zurück. Ich bin noch am Zaun stehen geblieben. Sie haben mir zum Abschied zugewunken. Sahen richtig fröhlich aus. Und dann konnte ich ein paar Brocken aufschnappen von dem, was sie sich erzählt haben. Da ging es um Weihnachten. Wie schön das ist. Weihnachtsbaum, Geschenke, Festessen ... Haben dabei immer zu mir rübergeschielt.“

„Eben! Festessen! Und was glaubst du wohl, könnte das für ein Festessen sein?“

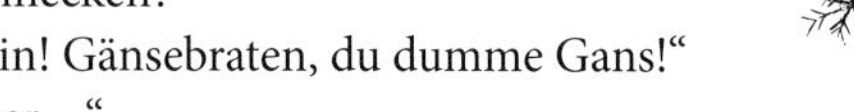
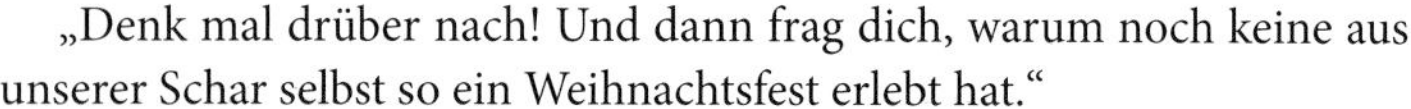

„Schnecken?“

„Nein! Gänsebraten, du dumme Gans!“

„Aber ...“

„Denk mal drüber nach! Und dann frag dich, warum noch keine aus unserer Schar selbst so ein Weihnachtsfest erlebt hat.“

„Warum? Sags mir, wenn du so schlau bist.“

„Weil wir vorher alle tot sind! Weil wir fettgefüttert sind und zum Fest geschlachtet werden. Jedes Jahr!“

„Das würden unsere Menschen niemals tun! Sie sind gut zu uns! Wer sagt überhaupt so was?“

„Die Krähen.“

„Und was soll ich jetzt machen?“

„Schließ dich uns an. Wehr dich. Kämpfe mit uns!“

„Gaaagagack ... Wie denn? Kämpfen! Mach dich nicht lächerlich! Alles, was wir können, ist fressen.“

„Hungerstreik. Wir treten in einen Hungerstreik.“

Nicht alle Gänse ließen sich überzeugen, aber doch so viele, dass sie den Unbelehrbaren gegenübertreten konnten, ohne sofort mundtot gemacht zu werden. Abend für Abend diskutierten sie sich in der Enge ihres Stalls die Schnäbel wund, ehe sie erschöpft in den Schlaf fielen.

„Wieso könnt ihr überhaupt verstehen, was die Krähen sagen?“, fragten die aus der Gruppe der Starrköpfe. „Ihr sprecht doch gar nicht ihre Sprache!“

„Aber sie sprechen unsere. Die haben sie gelernt. Sie sind sehr klug.“

„Und wenn schon. Es sind Fremde! Wir trauen ihnen nicht! Sie machen uns Angst. Wie die schon aussehen! Schwarzes Gefieder, nicht weiß wie unseres. Und ihre Augen! Unheimlich!“

„Sie wissen Bescheid“, entgegneten die Abtrünnigen trotzig. „Sie sind schon länger hier als wir. Sie waren auch letztes Jahr da. Und im Jahr davor. Sie haben alles gesehen.“

„Sie gehören hier nicht her!“, beharrten einige aus der Gruppe der Uneinsichtigen. „Sie haben es doch nur auf unser Revier abgesehen!“, schrien sie. „Warum sonst hocken sie draußen auf dem Dach und in unseren Bäumen? Die beobachten und belauern uns! Wenn wir nicht aufpassen, fallen sie bei uns ein!“

„Hungerstreik! Was für eine Wahnsinnsidee!“, schlossen sich andere dem entrüsteten Geschnatter ihrer Geschwister an. „Genau das wollen diese Krähen! Uns schwächen, sich selbst hier breitmachen und uns das Futter stehlen! Und dann holen sie ihre Verwandten nach. Und fressen uns alles weg! Wer weiß, was da noch alles kommt, wenn wir hungern und keine Kraft mehr haben! Da ist eine Verschwörung im Gange! Und die Krähen haben sie angezettelt!"

Die Fronten verhärteten sich. Letztendlich gaben es die Abtrünnigen auf, ihre Geschwister zu überzeugen. Stattdessen hielten sie sich beim Fressen zurück, überließen es der Gruppe der Starrköpfigen, die sich über die Reste ihrer Rationen hermachte und zusätzlich in sich hineinstopfte. Die Aufrührer verschanzten sich in einen entfernten Bereich ihres Wiesenreviers und wandten sich den Krähen zu, misstrauisch beäugt von den Starrköpfen.

„Was sollen wir denn jetzt tun?", fragten sie die Krähen, von deren Klugheit sie überzeugt waren und auf deren weisen Rat sie hofften.

„Mäßigt euch weiterhin beim Fressen", sagten die Schwarzgefiederten. „So werdet ihr nicht so schwer wie eure gefräßigen, fetten Geschwister."

„Und wozu soll das gut sein? Was hilft es uns, wenn wir zu guter Letzt verhungern?"

„So weit wird es nicht kommen. Aber ihr werdet fliegen und kämpfen müssen. Dazu müsst ihr schlank und beweglich sein. Das schafft ihr nur, wenn ihr nicht zu viel Fett auf den Rippen habt."

„Fliegen? Kämpfen?" Erschrocken starrten die Abtrünnigen auf ihre schwarzen Ratgeber. „Womit denn? Und gegen wen?"

Die Krähen lachten. „Du liebe Güte! Ihr habt ja wirklich gar nichts gelernt! Zum Fliegen habt ihr eure Flügel. Seht her." Eine der Schwarzgefiederten breitete die Schwingen aus, drehte eine kleine Runde, landete wieder. „Das könnt ihr auch, wenn ihr wollt. Aber keine Sorge. Ihr müsst keine Flugakrobaten werden. Euch nur eine Weile in der Luft halten können. Für die Attacke und die Flucht."

„Attacke? Wir verstehen gar nichts."

„Ihr werdet euch den Weg in die Freiheit erkämpfen müssen", erklärten die Krähen. „Wenn eure Menschen kommen, um euch zu holen und zur Schlachtbank zu führen. In dem Moment, wenn sie das Tor öffnen. Dann greift ihr sie an. Mit euren Schnäbeln. Das sind gute, harte Waffen. Wir wissen, wovon wir sprechen. Ihr könnt ihnen damit in die Augen hacken. Und um das zu schaffen, müsst ihr auch ein wenig fliegen können. Kapiert?"

Es kostete die Krähen noch einige Nerven, den dummen Gänsen genau zu erklären, wie ihre Flucht gelingen konnte. Vor allen Dingen, wann der richtige Moment gekommen war und was sie bis dahin noch üben mussten.

Die Zeit verging und die Abtrünnigen trainierten ihre Flügel und Schnäbel. Ihr Treiben wurde amüsiert verfolgt von ihren fetten Geschwistern, die träge und satt in den Tag hineinlebten. Ab und zu schallten dumme Kommentare und Gelächter zu ihnen herüber. Sie ließen sich dadurch nicht von ihren Vorbereitungen abhalten.

Dann – es war Anfang November, eine dünne Schneeschicht bedeckte den Boden und es war eiskalt – gingen die Abtrünnigen zum Angriff über. Tatsächlich gelang es ihnen, sich mit wildem Flügelschlagen und mit Schnabelattacken gegen ihre Menschen den Weg nach draußen freizukämpfen. Sie schafften es, sich so weit vom Geflügelhof zu entfernen, dass sie nicht mehr eingefangen werden konnten. Ihr Training hatte sich gelohnt. Sie flogen. Hunderte von Metern. Brachten nicht nur ein paar hilflose Hüpfer zustande wie ihre fett gefressenen Geschwister, denen ihre Menschen gerade auf den Leib rückten, um ihr Schicksal zu besiegeln. Die Krähen hatten nicht gelogen!

Aber wo waren die Schwarzgefiederten hin? Wo waren sie geblieben?, fragten sich die Geflüchteten. Jetzt, wo sie hier draußen orientierungslos herumirrten, außerhalb ihres gewohnten und klar umgrenzten Reviers, da hätten sie deren Rat und Hilfe mehr denn je gebraucht. Doch nirgends zeigte sich eine einzige Krähe.

Dafür näherte sich jemand anderes. Von ihnen unbemerkt, bahnte sich ein Fuchs seinen Weg durch den Schnee. Der rotbraune Räuber konnte nicht glauben, was er dort schnatternd über das Feld watscheln sah. Wie lange schon war er um den Geflügelhof und die Gänsewiese herumgeschlichen, mit leerem Magen und ohne große Hoffnung, sich einen der gefiederten Braten holen zu können. Wie sehr hatte er sich vor dem Winter gefürchtet, der vor wenigen Tagen, früher als sonst, mit Macht gekommen war. Wie grauste ihm vor dieser Zeit der Entbehrung für ihn und seine Freunde und Verwandten, die ebenfalls in der Nähe wohnten. Wenn sie Kilometer um Kilometer zurücklegen mussten, um mit Glück die eine oder andere Maus zu erbeuten. Wenn sie vor Hunger nicht in den Schlaf fanden, während die Menschen an gedeckten Tischen saßen und sich mit Gänsebraten und anderen Leckereien den Bauch vollschlugen.

Aber heute, an diesem wundervollen Tag, war das Unglaubliche geschehen! Wieder und wieder musste er hinschauen. Doch, es stimmte! Seine Augen trogen ihn nicht: Dort liefen sie herum! Lauter leckere Gänse! Direkt vor seiner Nase! Und sie machten nicht den Eindruck, als wollten sie im nächsten Moment abheben und davonfliegen. Vielmehr schienen sie nur darauf zu warten, dass er sich um sie kümmerte. Sie waren ein Geschenk des Himmels. Im wahrsten Sinn des Wortes, denn von oben aus den Wolken waren sie gekommen und hier gelandet. Wie es ihm die Krähen prophezeit hatten.

Für einen kleinen, hungrigen und ungläubigen Fuchs war plötzlich alles anders. Völlig unerwartet, mitten im November, war es für ihn Weihnachten geworden.

Rentier-Rallye

Der Harz ist begehrte Filmkulisse. Weiß ja inzwischen fast jeder. Ob die Krimiserie Harzer Brocken, Filme wie Die Päpstin, Der Medicus oder Die kleine Hexe und viele weitere – allen bietet der Harz eine wildromantische, mystische Bühne. Das hat sogar George Clooney seinerzeit erkannt, wenngleich in seinen Monuments Men am Ende außer ein paar Szenen unter der Erde nicht viel vom Mittelgebirgscharme übrig geblieben ist. Und wenn schon – Harz und Hollywood, das passt!

Der Harz ist aber auch Rentier-Land. Das wiederum weiß vermutlich kaum jemand. Verständlich, denn bei Rentieren denkt jeder zuerst an den Polarkreis, an die Samen im nördlichen Skandinavien und nicht an ein Mittelgebirge in der Nähe des Äquators – pardon, des Weißwurstäquators. Und vor allen Dingen denkt man an die leuchtende Rotnase Rudolf! Also was zum Henker hat der Harz mit Rentieren zu tun? Etwas Geduld, dazu kommen wir später.

Zunächst zurück zur Filmkulisse Harz:

Es ist wenige Tage vor Heiligabend und bitterkalt. In den Herzen der Filmcrew herrscht an diesem Morgen Weihnachtssehnsucht. Gemütlichkeit, Wärme, Ruhe, gutes Essen, Frieden. Daran denken sie, während sie hier am Set Heißgetränke konsumieren und sich ansonsten den Arsch abfrieren. Einen Märchenfilm drehen sie. Am Kurpark im tief verschneiten Schierke. Studierende einer Hochschule für Film und Fernsehen. Nicht irgendeinen banalen Unterhaltungsschmus. Nein, etwas Anspruchsvolles, etwas künstlerisch Hochwertiges soll es werden. Und sie stehen unter Zeitdruck. Eine fette Summe Fördergelder hängt an dem Projekt und die Erwartung der Geldgeber, einen Riesenerfolg zu landen. Obwohl das ja fast schon ein Widerspruch ist – hochwertige Kunst und Blockbuster. Aber vielleicht schaffen sie es mit ihrem Streifen ja doch, die Drei Haselnüsse für Aschenbrödel vom Spitzenplatz der Hitparade weihnachtlicher Fernsehunterhaltung zu verdrängen. Ein Albtraum für die Regisseurin, käme es so. Qualität kann in ihren Augen nicht massenkompatibel sein.

Nicht, wenn es um Kunst geht! Die Sponsoren sehen das, wenig überraschend, anders.

Während die Filmfritzen schlotternd eine Klappe nach der anderen daran arbeiten, die für heute geplanten Szenen ungeachtet der zu erwartenden Frostbeulen in den Kasten zu kriegen, rinnt zwei Herren mittleren Alters der Schweiß im Nacken herunter. Frank, für Freunde „Fränkie", und Martin, wegen seiner etwas zu lang geratenen Frontzähne „Rabbit" genannt, hocken angespannt in einem betagten Diesel-Mercedes T-Modell aus den Neunzigerjahren und bekommen die Karre nicht zum Laufen. Fränkie, der hinter dem Steuer sitzt, ist normalerweise nicht so leicht aus der Ruhe zu bringen, aber das hier hat er so nicht erwartet. Er war bisher überzeugt, Autos wie dieses seien noch Wertarbeit und unkaputtbar, auch wenn sie ewig lange in einer Scheune vor sich hingegammelt haben.

Der Oldtimer hier gehört der Mutter seiner Ex, mit der er sich immer noch blendend versteht. Also, mit der Mutter. Die Gute fährt selbst kein Auto mehr, kann sich aber von ihrem Schätzchen nicht trennen. Sie fand es toll, dass Fränkie die alte Karosse mal etwas bewegen wollte. Seine Erklärung, sein eigener Wagen stehe eine Weile in der Werkstatt, hat sie nicht weiter hinterfragt und ihm den Autoschlüssel ausgehändigt. Die passenden falschen Nummernschilder waren danach schnell montiert. So weit alles easy. Nur jetzt, in einem Moment, wo es darauf ankommt, sagt die Schrottmühle keinen Mucks!

„Und nu?" Rabbits Augen funkeln Fränkie aus dem Schatten unter der Kapuze vorwurfsvoll an.

Das kann der nicht sehen, denn Rabbit trägt, wie er, eine Sonnenbrille mit sehr dunklen Gläsern. „Weiß ich doch nicht, verdammt!", faucht er.

„Wollen wir hier hocken bleiben, bis der Typ da drinnen sich befreit hat und die Bullen alarmiert?"

Der Typ da drinnen ist ein Juwelier, der erst vor Kurzem seinen kleinen Laden eröffnet hat. Er sitzt jetzt eingeschnürt in seinem Büro, erleichtert um die besten Stücke aus seiner Kollektion und die Scheine aus der Kasse.

„Wir müssen hier verschwinden", setzt Rabbit nach. „Und zwar schnell!"

„Weiß ich selber!", schnappt Fränkie und hat plötzlich eine Idee. „Los komm, aussteigen."

„Hä?" Rabbit versteht nicht.

„Wir ziehen uns um und hauen zu Fuß ab. Fällt nicht auf, so kurz vor Weihnachten."

Fränkies Gedankenblitz hat mit dem Pappkarton im Kofferraum zu tun. Die Garderobe darin hat er noch gestern vom Kostümverleih geholt. Er braucht die Klamotten für seinen Job als Weihnachtsmann, den er schon seit einigen Jahren an Heiligabend ausübt, zusammen mit seiner Partnerin, die, noch ganz frisch, jetzt auch seine Geliebte ist. Kurz darauf machen sich die zwei Männer nach vollzogener Transformation auf den Weg: Weihnachtsmann Fränkie, standesgemäß in rotem Mantel mit weißem Kunstfellbesatz und Rauschebart. Das Christkindkostüm kleidet Rabbit etwas weniger vorteilhaft, was nicht allein an der Engelhaarperücke aus Polyester und Acryl liegt, sondern auch daran, dass er lang und dürr ist, Fränkies neue Liebe hingegen die fehlenden Längenzentimeter durch einen entsprechenden Hüftumfang ausgleicht. Alles an Rabbit schlackert. Man müsste Sorge haben, dass ihn der nächste Windstoß davonträgt, wären da nicht die schweren, schwarzen Springerstiefel, die unschön unter der Goldbordüre des Christkindhemdes hervorlugen und ihn scheinbar am Boden festnageln.

„Ich sehe scheiße aus, oder?", fragt er, ernsthaft um sein Image besorgt.

„Schon. Aber was willst du machen?", entgegnet Fränkie. „Das ist jetzt echt alternativlos."

Sie lassen den Mercedes einfach stehen und stapfen davon. Ein konkretes Ziel haben sie nicht. Mit ihren Sonnenbrillen, die sie, um gänzlich unerkannt zu bleiben, auf den Nasen behalten haben, sehen sie aus wie die *Blues Brothers* auf Weihnachtsmission. Nicht wirklich unauffällig. Aber alles, was in Schierke Augen hat, richtet den Blick ohnehin nur auf die Dreharbeiten. Da finden ein Weihnachtsmann und sein Christkind so gut wie keine Beachtung – außer von der Regisseurin des Märchenfilms. Die wendet sich gerade mit einem gewissen Ekel von dem ab, was vor der Kamera gespielt wird. Das ist ihr alles zu platt, zu profan, zu kommerziell. Was hat sich der Drehbuchfuzzi, der neben ihr sitzt, nur dabei gedacht? Das, was den Film künstlerisch wertvoll machen könnte, der kreative Moment, das Ungewöhnliche – das fehlt ihr.

Und als sie den Kopf angewidert nach hinten dreht, bemerkt sie Fränkie und Rabbit, die sich in ihrem Rücken um eine Hausecke verdrücken wollen. Oder besser gesagt: Sie bemerkt den Weihnachtsmann und das Christkind. Und indem ihr eine Idee blitzartig durch den Kopf schießt, schreit sie auch schon:

„Halt! Stehenbleiben!"

Fränkie und Rabbit fühlen sich sofort angesprochen, zucken reflexartig zusammen, gehen hart in die Eisen. Hat eh keinen Zweck. Sie kennen das schon. Besser aufgeben, als sich für das bisschen Klunker in dem Sack auf Fränkies Rücken erschießen zu lassen. Allerdings ist die, die da gerufen hat, weder Mann noch Bulle, stellen sie fest. Irritiert starren sie zu ihr hinüber.

„Ja, ihr! Euch meine ich!", ruft die Frau, die auf einem Klappstuhl sitzt und in einem überdimensionalen Pelzmantel fast versinkt. „Kommt mal her!" Sie winkt sie zu sich.

Die beiden *Blues Brothers* gehorchen. Sie können gar nicht anders. Das liegt an der Aura der Frau. Harte Züge in einem jungen, kantigen Gesicht. Durchdringender Blick aus dunklen, fast schwarzen Augen, die unter dem Rand einer wollenen, roten Pudelmütze hervorlugen. Und dazu die Stimme, die keinen Widerspruch duldet. Eine Frau, die es gewohnt ist zu befehlen, die bestimmt, wo es langgeht.

„Habt ihr Lust, in meinem Film mitzuspielen?", fragt sie, als Fränkie und Rabbit bis auf zwei Meter herangekommen sind.

„Wir ... also eigentlich ...", setzt Fränkie dazu an, der Frau eine Absage zu erteilen, instinktiv ahnend, dass sein Widerspruch erfolglos sein wird.

„Sag mal, bist du bescheuert?" Völlig unerwartet bekommt er Unterstützung von dem Kerl neben der Frau, der aufspringt und sich wie ein HB-Männchen mit Ziegenbart gebärdet. „Es ist immer noch unser gemeinsamer Film! Kommt nicht infrage, dass du diese beiden Komiker da einbaust! Oder willst du mein Drehbuch boykottieren? Ist es das? Und überhaupt – das sind keine Schauspieler! Das sieht man doch! Die kannst du noch nicht mal beim Krippenspiel eines Dorftheaters auf die Bühne schicken!"

„Jetzt bleib aber mal sachlich!", giftet die Frau zurück. Fränkie und Rabbit haben kapiert, dass es die Regisseurin sein muss. „Glaubst du immer noch, nur weil dein Märchen so einen starken Realitätsbezug hat, ist es Kunst? Märchen sind Märchen und Realität ist Realität. Ich dreh doch keine Doku!"

„Und deshalb diese beiden Vögel?" Der Drehbuchautor pumpt. Er ist kurz vorm Platzen.

Die Regisseurin mustert ihn kalt. „Wahre Kunst entwickelt sich aus dem Moment heraus", doziert sie. „Das kannst du nicht planen. Dazu gehört gelegentlich auch das Unfertige, Tölpelhafte." Womit sie eindeutig das Blues-Brothers-Gespann meint.

„Wir müssen hier weg", raunt Rabbit seinem Partner zu. „Sofort."

„Weiß ich", zischt Fränkie. Die Gelegenheit wäre günstig, das kapiert auch er. Die gesamte Filmcrew verfolgt gebannt den Schlagabtausch zwischen Regisseurin und Drehbuchautor. An den zwei Laiendarstellern in spe zeigt gerade niemand Interesse. „Aber wohin?"

„Siehst du, was ich sehe?" Rabbit stupst ihn in die Seite, deutet mit einer Kopfbewegung und sanft schlackerndem weißblonden Kunsthaar nach rechts.

„Das sind ja ...!" Fränkie japst ungläubig. „Rentiere im Harz?" Er hat die beiden Schlitten mit je zwei Zugtieren davor ein paar Meter abseits entdeckt. „Ich dachte, die gibts nur in Lappland!" Wie sein engelsgleicher Partner weiß Fränkie nichts von der kleinen Rentierfarm im Vorharz und davon, dass die Eigentümerin ihre Tiere gelegentlich für Firmenevents und Filmproduktionen ausleiht. Insofern hat das ungläubige Staunen der beiden Männer durchaus seine Berechtigung.

„Wir könnten mit einem der Schlitten ...", versucht Rabbit einen kühnen Fluchtgedanken in Worte zu fassen, wird aber von Fränkie rüde unterbrochen.

„Hast du sie noch alle?", zischt er.

„Ich bin früher mal Kutsche gefahren", erinnert Rabbit seinen Kumpel.

„Das war vor hundert Jahren. Und es waren Ponys."

„Da ist kein großer Unterschied", behauptet Rabbit selbstbewusst und ergänzt: „Hast du 'ne bessere Idee?"

Die hat Fränkie nicht. Also fügt er sich und sie schleichen sich im Rücken der Filmcrew, die sich in eine ideologische Auseinandersetzung über den Kunstbegriff hineingesteigert hat, zu den beiden Rentiergespannen.

Der Kameramann sieht als Erster den Schlitten davonrasen. „Ja! Ja! Geil! Das ist es!", brüllt er und tanzt wie wild herum. Das hat was von Rumpelstilzchen. Dann zückt er sein Smartphone und rennt zu dem Polizeiwagen, der drüben am Straßenrand parkt. Eine Vorsichtsmaßnahme, um den Drehort abzusichern. Er reißt die Autotür auf, schwingt sich auf die Rückbank. „Los, dem Schlitten nach!", kommandiert er lautstark und lässt die Seitenscheibe herunter.

Die beiden Beamten, aus ihrem leichten Schlummer gerissen, drehen sich ebenso verwirrt wie verärgert nach hinten um. „Was hast du hier zu suchen, du Spacko?", sagen ihre Blicke. Es gelingt ihnen aber nicht mehr, die Worte auch über ihre Lippen zu bringen.

Der Kameramann kommt ihnen zuvor. „Die haben den Schlitten geklaut!"

„Wer?"

„Der Weihnachtsmann und das Christkind! Ich muss das filmen!" Er deutet in die Richtung, die der Schlitten eingeschlagen hat.

Ronnie und Markus, so die Namen der beiden Polizisten, grinsen sich an. Verstehen sich auch ohne Worte. Filmfritzen – nicht ganz dicht in der Birne, lassen sie ihre Gedanken sprechen. Nonverbale Kommunikation auf Beamtenebene.

„Nun macht schon, sonst sind die weg!", drängelt der Kameramann.

Ronnie, der Polizist hinter dem Steuer, lässt den Wagen an. Tun sie ihm halt den Gefallen. Ein bisschen Action ist ja auch ganz schön. Er wendet auf der Stelle – der glatte Untergrund machts möglich –, schaltet Blaulicht und Sirene ein und jagt am Set vorbei dem Schlitten nach. Im Rückspiegel sieht Ronnie die Filmleute wild durcheinanderrennen. Und er sieht den zweiten Schlitten, der sich anschickt, ihnen hinterherzubrettern.

Sie lassen den Ortsausgang von Schierke in Richtung Brocken hinter sich. Der Schlitten mit den Flüchtigen ist vielleicht dreißig oder vierzig Meter voraus. Wirklich geringer wird der Abstand nicht. Eher größer. Die Bodenhaftung der Polizeikarosse ist bei diesen Wetterverhältnissen nicht die beste.

„Tempo, Leute! Gebt Gummi!", blökt der Kameramann. Er ist voll in seinem Element, hängt mit dem Oberkörper aus dem Seitenfenster, das Smartphone auf den vorausfahrenden Schlitten gerichtet. Den eisigen Fahrtwind spürt er nicht. Von innerlichen Jubelschreien begleitet, macht er seine Arbeit. So eine Verfolgungsszene ist das Salz in jeder Filmsuppe!

Drei, vier Kilometer sind sie schon unterwegs. Der Schlitten behält sein konstantes Tempo bei. Ronnie kämpft sich schlingernd ein paar Meter heran, fällt aber gleich wieder zurück. Rentiere gegen Streifenwagen, da ist null Chancengleichheit, muss er einsehen. Nicht im Dezember, nicht wenn Schnee ist, schon gar nicht am Brocken.

Abseits des Geschehens hat sich der Juwelier inzwischen von seinen Fesseln befreien können und Alarm geschlagen.

„Spiegel zwanzigzwo, kommen", krächzt plötzlich eine Stimme im Streifenwagen. Das Funkgerät. Regina aus der Zentrale ist dran. Hat Markus auf dem Beifahrersitz sofort erkannt, die Kollegin. Er schnappt sich das Gerät. „Hier Spiegel zwanzigzwo. Was gibts, Regina?"

„Einbruch in Juweliergeschäft in Schierke." Sie nennt die Adresse. „Übernehmt ihr? Ihr seid doch vor Ort."

„Keine Chance. Wir verfolgen gerade einen flüchtigen Schlitten."

„Wie bitte?"

„Ja! Die sind in Richtung Brocken unterwegs."

„Ich verstehe nicht."

„Zwei Rentiere, die einen Schlitten ziehen", versucht Markus zu erklären. „Was ist da dran so schwer zu verstehen? Die legen ein Höllentempo vor."

„Rentiere?"

„Ja!"

„Allein? Mit ’nem Schlitten?"

„Nein. Zusammen mit dem Weihnachtsmann und dem Christkind. Die haben den Schlitten geklaut, sagt der Kameramann. Der sitzt auf der Rückbank und filmt alles."

„Seid ihr besoffen?"

„Schick wen anderes zum Juwelier", erstickt Markus die sich anbahnende Diskussion. „Spiegel zwanzigzwo, over and out." Sagt er gern, over and out. Zwar nicht ganz vorschriftsmäßig, klingt aber irgendwie männlich und cool. Hat er sich in amerikanischen Actionfilmen abgekuckt. Sagen da immer die Helden. Die haben es echt drauf. So wäre er auch gern.

Sie biegen auf den Goetheweg ein. Das Rentiergespann etwa fünfzig Meter voraus. Augenblicke später erreichen sie die Bahnschienen. Der Weg knickt nach links weg, verläuft dann parallel zu den Gleisen. Die Brockenbahn kommt von unten herangedampft. Ein überwältigender Anblick, findet Ronnie. Einen Moment zu lange widmet er seine Aufmerksamkeit der schnaufenden Lok. Ihre Verfolgungsjagd endet Sekunden später am Wegrand im Unterholz.

Der Kameramann klettert benommen aus dem demolierten Fahrzeug. Sieht von unten den zweiten Rentierschlitten kommen. Läuft ihm wild winkend entgegen. Das Schicksal der Streifenwagenbesatzung kümmert ihn herzlich wenig. Er muss seinen Job machen, dem Weihnachtsmanngespann hinterher, Material für den Film sammeln, dazu beitragen, dass es ein Kassenschlager wird.

Die Rentiere drosseln ihre Geschwindigkeit, halten aber nicht. Im Vorbeifahren springt er auf. „Los, los! Schneller!“, ruft er. Die Schlittenlenkerin und Eigentümerin der Gespanne schnalzt, die Rentiere gehorchen, legen einen Zahn zu.

Als sie den Fluchtschlitten erreichen, steht der am Wegrand. Leer. Weihnachtsmann und Christkind sind verschwunden, ebenso ein Koffer, der im Schlitten lag. Die beiden Rentiere scharren im Schnee, suchen nach Fressbarem.

In der Brockenbahn, die knapp eine Stunde später den Gipfelbahnhof verlässt, sitzen zwei adrett gekleidete Herren. Schwarze Anzüge, Kollarhemden. Auf den ersten Blick Männer Gottes. Dazu tragen sie Hüte, ebenfalls schwarz. Und Sonnenbrillen. Fränkie und Rabbit sind immer noch der Meinung, die Brillen schützten sie davor, erkannt zu werden – was einerseits stimmt, andererseits Fragen aufwirft. Sie haben die Klamotten in einem Koffer gefunden, der im Schlitten lag. Fränkie hatte sich den Kofferinhalt während ihrer Schlittenfahrt näher angesehen. Vermutlich Filmkostüme. Der Kleidertausch war schnell vollzogen, im Unterholz, nachdem sie den Schlitten und die Tiere sich selbst überlassen hatten. War ja nicht das erste Mal heute. Fast schon Routine. Die paar Meter zum Bahnhof sind sie zu Fuß hochgestapft. In ihren Springerstiefeln. Die haben sie immer noch an, hoffen, dass niemandem diese Abweichung an ihrem sonst perfekten Erscheinungsbild auffällt. Im Koffer befinden sich nun neben ihrer Beute auch ein Weihnachtsmann- und ein Christkindkostüm, dazu eine Kunsthaarperücke. Die Kostüme braucht Fränkie, wenn er mit seiner neuen Liebe in wenigen Tagen loszieht, um in den festlich geschmückten Wohnzimmern seiner Kunden die Bescherung vorzunehmen. Darauf freut er sich. Er liebt glückliche Kinderaugen. Doch so weit ist es noch nicht. In diesem Moment kommt erst einmal eine Kontrolleurin vorbei – und sie haben keine Fahrkarten.

„Es tut mir leid, mein Kind", säuselt Rabbit, ganz demütiger Kirchenmann. Zuweilen kann er ein unglaubliches schauspielerisches Talent an den Tag legen. „Aber es war nicht Gottes Wille, dass wir vor der Abfahrt noch rechtzeitig ein Ticket lösen konnten."

„Ah, verstehe. Heute mal wieder im Auftrag des Herrn unterwegs?", fragt die Kontrolleurin lachend. Der Frau kann man nichts vormachen. Sie durchschaut den Schwindel, was Fränkie und Rabbit nicht wirklich kapieren. Auch nicht, dass die Kontrolleurin ein ausgesprochen humorvoller Mensch ist. „Na, dann will ich mal ein Auge zudrücken", sagt sie. „Wenn die Herren *Blues Brothers* Bargeld dabeihaben, verkaufe ich ihnen gern eine Fahrkarte."

Fränkie bezahlt mit einem Hunderteuroschein aus der Beute und verzichtet großzügig auf das Rückgeld. Eine kleine Spende, weil ja bald Weihnachten sei, erklärt er der Frau. Rabbit blickt ihn missbilligend von der Seite an, was aber seine Wirkung verfehlt. Wegen der Sonnenbrille. Fränkie ist einfach zu gut für diese Welt, denkt er.

Für den langen Rest der Fahrt versinken die beiden Kumpel in Schweigen. Jeder für sich mit seinen Gedanken beschäftigt und mit der Frage, wer zum Henker die *Blues Brothers* sind und warum die Kontrolleurin sie mit besagten Herren verwechselt hat.

Falsche Fuffziger

Seit Mitte Oktober war Markus „Matze“ Schrader wieder draußen. Die vier Jahre hinter Gittern waren kein Zuckerschlecken gewesen, hatten ihn zuweilen an den Rand der Verzweiflung getrieben. Wäre da nicht sein Leidensgenosse Adrian gewesen, er hätte den Knast vermutlich nicht überlebt. Aber dieser bisher trostloseste Abschnitt seines Lebens lag nun endgültig hinter ihm. Er war glücklich, auch wenn die bescheidene Bleibe in seiner Heimatstadt Osterode am Harz keinem Vergleich mit seiner früheren Wohnung standhielt. Der Job bei einer Putzkolonne entsprach ebenfalls nicht seiner Qualifikation, aber niemand hatte ihm so kurz nach seiner verbüßten Strafe einen Posten anvertrauen wollen, der ihm den Zugriff auf fremde Gelder erlaubte. Vielleicht würde er irgendwann wieder als Finanzbuchhalter arbeiten können, doch dazu musste er erst einmal beweisen, dass er sein Geld in Zukunft wirklich auf ehrliche Weise verdienen wollte. Und genau das hatte er sich vorgenommen – ehrlich zu sein und nie mehr krumme Dinger zu drehen.

Dieser Vorsatz trug ihn durch die Tage und bescherte ihm auch jetzt, als er sich auf dem Weg in die Innenstadt befand, ein wohliges Gefühl. In vierzehn Tagen war Weihnachten und er freute sich darauf, seine große Schwester und ihre Familie wiederzusehen und mit ihnen zu feiern. Sie waren nach dem frühen Tod der Eltern seine einzigen verbliebenen Verwandten und sie hatten ihn trotz seiner kriminellen Vergangenheit nicht verstoßen. Er dachte an die Fahrkarte nach Cuxhaven, die in seinem Schlafzimmer auf dem Nachttisch bereitlag, und sein Mund verzog sich zu einem Lächeln. Weihnachten am Meer, das hatte was, obwohl – hier am Harzrand wäre es sicher genauso schön geworden. Solange er nicht allein feiern musste.

Wie gut die kalte, klare Winterluft tat! Er atmete tief ein und wieder aus und blickte nach oben zum wolkenlosen, sternenübersäten Nachthimmel. Hatte er wirklich erst die bedrückende Erfahrung von Enge und Mief hinter hohen Mauern machen müssen, um zu wissen, was es bedeutete, frei zu sein? Markus erreichte die Eseltreiber-Statue vor dem alten Rathaus. Seine Schritte wurden schneller. In wenigen Augenblicken war er auf dem Weihnachtsmarkt. Das hatte er in den zurückliegenden vier Jahren am meisten vermisst – die Lichterketten, die hell erleuchteten Buden mit ihren verlockenden Düften, den Glühwein zusammen mit den Freunden. Ob er hier überhaupt noch Freunde hatte? Keiner seiner alten Kumpels hatte ihn im Gefängnis besucht.

Seit seiner Entlassung war Markus noch kein bekanntes Gesicht über den Weg gelaufen. Vermutlich lag es an ihm selbst. Er war zu sehr mit sich und seinem neuen Leben beschäftigt gewesen und hatte es bisher weder in die Innenstadt noch an einen ihrer früheren Treffpunkte geschafft. Heute endlich hatte er sich zu einem Besuch des Weihnachtsmarktes aufgerafft und war nicht todmüde ins Bett gefallen.

Neugierig bog er um das mächtige Portal der Marktkirche. Sein Blick fiel auf eine Glühweinbude rechts an der Kirchenmauer, gegenüber dem Schaufenster der Parfümerie. Eine Menschentraube blockierte fast vollständig die Engstelle zwischen Kirche und Geschäftshaus, die wie ein Flaschenhals zum weitläufigen Kornmarkt wirkte.

Markus wunderte sich. War die Reservistenkameradschaft der Bundeswehr etwa wieder aktiv? Ihr Glühweinstand war lange Jahre der beliebteste Treffpunkt während des Weihnachtsmarktes gewesen, ehe die Männer die ehrenamtliche Arbeit aufgegeben hatten. Nicht nur, dass ihre Glühweinkompositionen mit Abstand die besten gewesen waren – darüber hinaus waren die Überschüsse aus dem Verkauf Jahr für Jahr an soziale Einrichtungen gegangen. Eine bessere Rechtfertigung für so manchen zu viel getrunkenen Becher hatte es damals gar nicht geben können.

Als Markus sich zur Hälfte durch die laut schwatzende, lachende Menge gedrängt hatte, sah er, dass es nicht die Reservisten waren, die den Glühweinstand betrieben. Allerdings schien die Motivation, Gutes für die Schwächsten der Gesellschaft zu tun, geblieben. Zumindest deutete ein großes Pappschild am Laternenpfahl direkt neben der Bude darauf hin: „Euer 100-Euro-Schein lässt Kinderherzen glücklich sein“, stand in fetten, schwarzen Buchstaben darauf. Hunderteuroscheine für bedürftige Kinder! Das war dann aber doch etwas übertrieben. Kaum anzunehmen, dass alle um ihn herum, die sich an ihrem Glühwein die Finger wärmten, der Spenden-Aufforderung nachgekommen waren.

„Hey, Matze, alter Kumpel!“

Der Schlag einer kräftigen Pranke traf Markus' Schulter und ließ ihn heftig zusammenzucken. Erschrocken fuhr er herum und blickte in das feiste Gesicht von Klaus Fröhlich. Von allen seinen Bekannten war der fette Klotz der allerletzte, den er hätte sehen wollen. Er trug einen sehr teuer anmutenden Wintermantel mit Pelzbesatz, hellbraune Handschuhe, deren weiches Leder im Laternenschein schwach glänzte, und eine mit Karnickelfell gefütterte Lederkappe, die ihn, zumindest um den Kopf, wie einen sibirischen Pelztierjäger aussehen ließ. Flankiert wurde Klaus von zwei Damen, die weit jünger schienen als er und ihn dümmlich angrinsten.

„Das ist Markus Schrader, genannt Matze", klärte er seine beiden Begleiterinnen mit dröhnender Stimme auf, „der Kerl, der mir mit seinen getürkten Informationen damals um ein Haar den Schulabschluss versaut hätte. Vor dem müsst ihr euch in Acht nehmen, der ist ein richtig falscher Fuffziger!"

Falscher Fuffziger! Den Stempel hatte er weggehabt, nachdem er Klaus, dem ewigen Abschreiber, während einer Prüfungsklausur einen Zettel mit den vermeintlichen Lösungen zugesteckt hatte, natürlich gegen eine ordentliche Aufwandsentschädigung, die Klaus nur mit Mühe hatte zusammenkratzen können. Dafür ging es ihm jetzt offensichtlich mehr als gut. Wie es schien, hatten ihn seine damaligen Wissensdefizite und wirtschaftlichen Probleme nicht dauerhaft ins soziale Jammertal gestürzt.

„Jaja, linken konnte unser Matze die Leute schon immer gut", tönte der feiste Sack weiter, „hat ihm am Ende sogar einen längeren Urlaub hinter schwedischen Gardinen eingebracht." Er ließ ein donnerndes Lachen folgen.

Markus wandte sich verschämt ab und stellte sich auf die Zehenspitzen. Er versuchte, über die Köpfe der Menge hinweg einen seiner alten Freunde zu entdecken, zu dem er sich flüchten konnte. Aber da war niemand, den er kannte.

„Na, was solls", hörte er Klaus poltern und spürte gleich darauf einen weiteren Schlag auf seiner Schulter, „vergeben und vergessen. Komm, Alter, ich lade dich auf einen Glühwein ein. Die Hunderter können es gebrauchen – und wir auch."

„Die Hunderter?" Markus hatte sich wieder berappelt und musterte fragend sein Gegenüber.

„Man merkt, dass du lange nicht da warst", entgegnete der feiste Klaus. „Hast einiges verpasst. Die Hunderter sind ein paar Jungs, die die Tradition der Reservisten haben neu aufleben lassen. Also, was die Spenden an soziale Einrichtungen betrifft."

„Und warum nennen sie sich so?"

„Ist 'ne Schnapsidee gewesen. Sie haben in irgendeiner Kneipe zusammengesessen, und als sie zahlen wollten, hatten alle nur Hunderteuroscheine bei sich. War Zufall, nicht geplant. Gab für die Bedienung etwas Stress mit dem Wechselgeld. War letztendlich aber kein wirkliches Problem. Dafür hatten die Jungs dann aber diese Idee: Einen Glühweinstand, bei dem jeder Besteller nur mit einem Hunderter bezahlen darf. Und mit den Überschüssen aus dem Glühweinverkauf sollte dann, gemessen an der Anzahl der eingenommenen Hunderteuroscheine, was Gutes getan werden. Der Glühwein kostet übrigens nur ein paar Cent mehr als an den anderen Ständen."

„Aber wenn jeder mit 'nem Hunderteuroschein kommt, dann brauchen die ja verdammt viel Wechselgeld", meldete Markus vorsichtige Zweifel an.

„Ja und?" Klaus zuckte mit den Schultern, „die Idee hatte von Anfang an viele Freunde. Da sind genug dabei, die ausreichend Kleingeld als kurzfristigen zinslosen Kredit rausrücken, wenn es sein muss. Bis zum letzten Jahr lautete der Werbespruch übrigens noch: Euer Hunderteuroschein soll für unsre Heimat sein. Da ging das Spendengeld in spezielle Förderprojekte für die Stadt. Das mit den Kindern ist neu. Aber jetzt genug gequatscht. Komm, Schatz, geh mal los und besorg uns vier Glühwein mit ordentlich Schuss." Er drückte seiner Begleiterin links neben sich einen Hunderter in die Hand. Die Frau nickte und zwängte sich durch die Menge in Richtung Glühweinstand.

Nachdem sie die Becher geleert hatten, glaubte Markus, sich revanchieren und ebenfalls eine Runde spendieren zu müssen. Genug Geld hatte er dabei, allerdings keinen Hunderter.

„Und die nehmen kein Kleingeld? Nur große Scheine?", fragte er.

„So ist es." Der feiste Klaus nickte. „Ich kann aber wechseln, falls du willst. Habe genug von den Blauen dabei."

Markus kramte angewidert im Inneren seiner Jacke nach dem Portemonnaie. Ekelhaft, wie Klaus so ungeniert mit seiner Kohle angab. Der Feiste nahm die Zwanziger und Zehner entgegen und reichte ihm den Hunderter. Damit kämpfte sich Markus zur Glühweinbude durch.

Er wandte sich gerade vorsichtig von der Theke ab, darauf bedacht, nichts von dem kostbaren Nass zu verschütten. Aus den Augenwinkeln entdeckte er eine Person, die von der Seite her in den Glühweinstand trat. Irgendwie kam ihm der hagere Typ bekannt vor. Er wusste aber nicht, wohin er ihn stecken sollte. Wenig später hatte er ihn wieder vergessen.

Mit pochenden Kopfschmerzen quälte sich Markus durch den nächsten Tag. Man sollte sich eben nicht mitten in der Woche mit Glühwein volllaufen lassen. Nach Feierabend fuhr er ins Kaufland, den Supermarkt in der Leege, der auf seinem Heimweg lag. Schnell am Geldautomaten ein paar Scheine ziehen und dann den Wochenendeinkauf erledigen. Seit er wieder in Osterode wohnte, machte er jeden Donnerstag diesen Abstecher. Er zahlte mit zwei Scheinen, einem Zwanziger und einem Fünfziger. Die Kassiererin stockte, als sie die Scheine prüfte. Mit gerunzelten Augenbrauen blickte sie zu ihm hoch.

„Ist was?", fragte Markus irritiert.

„Moment", gab sie schroff zurück, griff zum mobilen Telefon, das neben der Kasse lag, und sprach hastig irgendetwas hinein, das er nicht verstand. Dann legte sie das Telefon zurück und rutschte nervös auf ihrem Stuhl hin und her.

„Es geht gleich weiter!", rief sie an Markus vorbei, als in der Menschenschlange hinter ihm Unruhe aufkam. Aber es ging nicht weiter. Jedenfalls so lange nicht, bis plötzlich eine schnaufende Walküre in blauem, schlechtsitzendem Kostüm auf ihn zugewalzt kam, flankiert von zwei Männern in grauen Anzügen. Markus erkannte sie sofort: Frau Fröhlich, die Mutter vom feisten Klaus. Ebenso wie ihren Sohn hatte er sie nicht in bester Erinnerung behalten. Schon die zweite unangenehme Begegnung innerhalb kürzester Zeit – das Schicksal meinte es nicht wirklich gut mit ihm.

„Ach nee! Der Markus Schrader!", keuchte die Frau ihm entgegen, als sie die Kasse erreicht hatte. Das Erkennen beruhte also auf Gegenseitigkeit. „Willst deinem Spitznamen wohl alle Ehre machen, he?"

„Was?" Außer dass die widerwärtige Person anscheinend was in diesem Laden zu sagen hatte, kapierte Markus nichts. „Können Sie mir mal erklären, was das hier werden soll?"

„Gerne, mein Freund“, höhnte sie. „Willst uns hier Blüten unterjubeln, wie? Aber nicht mit mir, mein Lieber. Bei falschen Fuffzigern sehe ich rot! Bitte begleiten Sie mich in mein Büro, Herr Schrader.“ Der offizielle Ton, das plötzliche Sie und der Gesichtsausdruck der beiden Herren in Grau ließen keinen Zweifel daran aufkommen, dass sie es verdammt ernst meinten.

Markus hatte einige Mühe, den herbeigerufenen Polizeibeamten glaubhaft zu machen, dass er nicht wisse, wie er an die Fünfzigeuroblüte gekommen war. Er hatte sie definitiv in seinem Portemonnaie gehabt, das stand fest. Zudem war er vorbestraft. Weder das eine noch das andere sprach für ihn. Ob er eine Ahnung habe, von wem das Falschgeld stamme, wollten die Beamten wissen. Möglicherweise aus dem Bankautomaten, gab er zu Protokoll, musste sich aber belehren lassen, dass die Automaten so gut wie nie mit Falschgeld bestückt seien. Wegen der Kontrollen durch die Bundesbank.

Dann wisse er es auch nicht, sagte er, obwohl ihm mittlerweile ein Verdacht gekommen war. Aber den behielt er für sich. Dem wollte er auf eigene Faust nachgehen.

Am späten Freitagnachmittag drückte sich Markus im Schatten der Marktkirche herum. Schon eine ganze Zeit beobachtete er den Glühweinstand der Hunderter. Er hatte läuten gehört, dass weitere falsche Fünfzigeuroscheine aufgetaucht waren. Hauptsächlich in Osterode, aber nicht nur. Und jetzt hatte der Glühweinstand offensichtlich auch das Interesse der Polizei geweckt. Zwei Uniformierte kamen an den Stand. Erst redeten sie mit den Typen hinter der Theke, dann gingen sie in die Bude hinein. Markus konnte nicht erkennen, was sie taten. Er nahm an, sie suchten nach etwas. Dann zogen sie unvermittelt wieder ab.

Langsam schlenderte Markus zum Stand hinüber. Es herrschte noch nicht allzu viel Betrieb, sodass er einen der beiden Männer hinter dem Tresen ein wenig aushorchen konnte:

„Na, Besuch von den Bullen gehabt?“, fragte er in verschwörerischem Kumpelton. „Hab es zufällig mitbekommen. Was wollten die denn?“

Der Mann zuckte mit den Schultern: „Ist wegen dieser Fünfzigeuroblüten, die gerade im Umlauf sind. Die wollten wissen, ob wir was dazu sagen können.“

„Und? Könnt ihr? Die haben ja ziemlich genau hingesehen.“

„Nee, natürlich nicht!“, stieß der Mann heftig aus und verzog das Gesicht zu einer wütenden Grimasse.

„Wir nehmen ja nur Hunderter!“

„Aber ihr gebt doch Fuffziger raus“, entgegnete Markus. „Ich habe vorgestern selbst einen von euch bekommen.“

„Ja und? Die sind alle echt und geprüft!“, blaffte der Thekenmann. „Was willst du überhaupt? Bist du auch ’n Bulle? So ’n Verdeckter?“

Markus winkte ab: „Quatsch. Ich möchte einfach nur wissen, wie das bei euch so läuft. War seit Jahren nicht mehr hier. Habe gehört, ihr arbeitet schon länger nach diesem Hunderter-Prinzip. Und spendet dann kräftig, wenn der Weihnachtsmarkt durch ist. Tolle Idee. Ehrlich.“

„Na ja, eigentlich machen wir nur die ehrenamtliche Arbeit. Die Spende kommt dann von jemand anderem.“

„Und von wem?“

„Kein Kommentar.“ Der Thekenmann grinste breit.

„Aha, der große unbekannte Gönner also.“

„Exakt.“

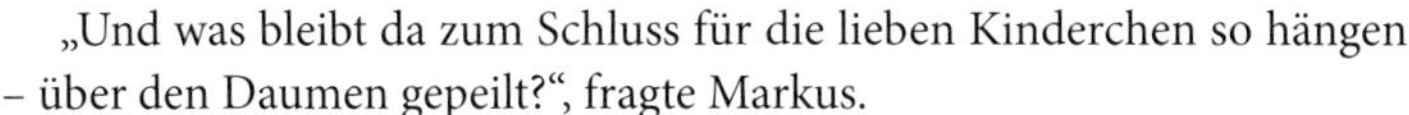

„Und was bleibt da zum Schluss für die lieben Kinderchen so hängen – über den Daumen gepeilt?“, fragte Markus.

Der Thekenmann, mittlerweile etwas aufgeschlossener, betete ihm daraufhin etwas vor, das sich wie ein gut einstudierter Werbetext anhörte. Konkrete Zahlen oder Namen nannte er jedoch nicht.

Plötzlich wurde die Tür zum Glühweinstand geöffnet. Der hagere Typ vom Mittwochabend steckte seinen Kopf herein. Sofort unterbrach der Thekenmann sein Gespräch mit Markus. „Ich muss dann mal wieder“, sagte er und wandte sich dem Hageren zu, mit dem er gleich darauf den Stand verließ.

Einen Moment blickte Markus den beiden hinterher, ehe er sich in Bewegung setzte und gedankenversunken über den Martin-Luther-Platz schlenderte. Ohne zu wissen warum, bog er in die Gasse zwischen Kirche und Ratskeller ein. Als er nach wenigen Metern den weißen Sprinter bemerkte, der auf dem kleinen Kopfsteinpflaster-Platz parkte, stoppte er abrupt seine Schritte. Der hagere Typ lehnte an der Rückwand des Transporters. Er hielt einen geöffneten Schuhkarton, aus dem der Thekenmann ein Bündel Geldscheine nahm, prüfend durchblätterte und wieder zurücklegte. Um nicht gesehen zu werden, duckte sich Markus hastig in den Schatten der Kirchenmauer. Er sah, dass der Thekenmann sich gleich darauf mit dem Karton in Richtung Glühweinstand entfernte und der Hagere um den Sprinter herumhinkte und einstieg. Geistesgegenwärtig merkte sich Markus das Nummernschild. Der Transporter wurde gestartet und fuhr davon. Und plötzlich fiel Markus wieder ein, wo er den Hageren schon einmal gesehen hatte: Im Gefängnis! Der Typ hatte dort jemanden besucht. Der hinkende Gang. Na klar! Aber was bedeutete das jetzt?

Als Markus zu Hause angekommen war, wusste er, was zu tun war. Adrian, sein Knastbruder, musste ihm helfen. Sie waren kurz nacheinander entlassen worden und hatten sich versprochen, den Kontakt aufrechtzuerhalten. Markus fand, dass es an der Zeit war, das Versprechen einzulösen.

Adrian traf am Samstag gegen Mittag mit einem unscheinbaren weißen Golf in Osterode ein. Wenig später saß Markus mit ihm zusammen in seiner kleinen Küche. Sie aßen Tiefkühlpizza und plauderten ein wenig über die Vergangenheit. Aber nur kurz, dann lenkte Markus das Gespräch auf den Grund ihres Zusammentreffens.

„Und? Hast du rausgekriegt, wem der Sprinter gehört?“, fragte er.

„Adrian kriegt alles raus“, behauptete sein Freund im Brustton der Überzeugung. „Ist auf eine von diesen Klitschen zugelassen, die du an jeder Straßenecke findest. Ahab-Werbeagentur heißt der Laden. Design, Druck, alle Medien.“

„Adresse?“

„Herzberg. Lilienthalstraße. Weißt du, wo das ist?“

Markus nickte. „Allerdings.“ Erst vor wenigen Tagen hatten sie im Herzberger Industriegebiet am südwestlichen Stadtrand zu tun gehabt.

„Was hast du jetzt vor?“, fragte Adrian.

Markus wiegte den Kopf. „Hinfahren und beobachten, was da so abgeht. Vermutlich taucht da irgendwann der Sprinter auf. Wenn möglich, sollten wir unbemerkt einen Blick in die Geschäftsräume werfen.“

„Dachte ich mir.“ Adrian nickte. „Ich habe sicherheitshalber mein komplettes Equipment mitgebracht.“

„Na dann ...“ Markus wusste, was Adrian mit seinem Equipment meinte und wie gut er damit umgehen konnte. Er wusste auch, dass er selbst kurz vor einem Ausrutscher in sein altes, illegales Leben stand.

Einen Augenblick kämpfte er stumm gegen sein schlechtes Gewissen an. Dann war er überzeugt, dass sein Fehltritt der Gerechtigkeit diente. Und den Kindern, die bei dieser Falschgeld-Nummer sonst garantiert leer ausgehen und kein schönes Weihnachtsfest haben würden. Trotz aller Spendenversprechen.

Adrian hatte seinen Golf am Samstagabend in der Lilienthalstraße gegenüber der Einfahrt zur Ahab-Werbeagentur geparkt. Es ging auf zweiundzwanzig Uhr zu. Sie warteten auf den hinkenden Typ und seinen Sprinter. Stunden zuvor hatten sie noch bei Tageslicht so unauffällig wie möglich das Firmengelände und das Bürogebäude inspiziert. Adrian hatte alle Sicherheitsvorkehrungen kritisch unter die Lupe genommen und festgestellt, dass sie ihm kein Kopfzerbrechen bereiten würden.

„Alles easy. Wir gehen durch das Garagentor ins Gebäude“, hatte er schließlich bestimmt. „Wir brauchen lediglich den Funkcode. Und den können wir abgreifen, sobald dieser Typ mit dem Sprinter kommt und mit der Fernbedienung das Tor öffnet. Was denkst du? Er kommt doch, oder?“

„Ganz sicher“, hatte Markus voller Überzeugung geantwortet und zugesehen, wie Adrian seinen Laptop aus der Tasche gezogen und auf seinem Schoß aktiviert hatte.

Als der Sprinter auf das Gelände rollte, fuhr das Garagentor wie von Zauberhand nach oben und der kleine Transporter verschwand im Inneren des Gebäudes. Das Tor schloss sich wieder und Adrian klappte nach ein paar letzten Eingaben seinen Laptop zu.

„Erledigt“, sagte er grinsend. „Wenn der Typ wieder verschwunden ist, gehen wir rein. Hier, zur Sicherheit, falls uns doch eine Kamera erwischt.“ Er reichte ihm eine von zwei Weihnachtsmann-Masken. Mit Mütze und Bart.

„Soll das ein Witz sein?“, stieß Markus überrascht aus.

Adrian grinste verlegen. „Ich dachte nur ..., weil bald Weihnachten ist.“

Auch für einen Laien war offensichtlich, dass mit den Geräten und Werkzeugen in der Ahab-Agentur nicht nur Werbematerialien entworfen und gedruckt wurden. Hätten Markus und seinem Freund darüber hinaus noch Beweise gefehlt, so fanden sie die, als sie über einen Karton mit frischen Fünfzigeuroblüten stolperten. Der Karton stand unter einem Wandsafe, der sofort Adrians Interesse auf sich zog.

Ein Geräusch an der Eingangstür ließ sie hastig in Deckung gehen. Gerade noch rechtzeitig, denn plötzlich tauchten die Deckenleuchten den fensterlosen Raum in kaltes, weißes Licht. Als Markus zur Tür spähte, verschlug es ihm fast den Atem. Der feiste Klaus! Steckte er etwa …? Na sicher doch! Ahab! In der Schule hatten ihn alle Ahab genannt. Der rachsüchtige Kapitän mit dem Holzbein. Und Moby Dick, der weiße Wal, der auch das Firmenlogo zierte! Klaus war regelrecht infiziert gewesen von der Geschichte, hatte alles dazu gesammelt, was er kriegen konnte.

Klaus Fröhlich also. Der Mann, der auf dem Weihnachtsmarkt mit den Hundertern nur so um sich warf – Hunderter, die er zuvor den ahnungslosen Gästen an der Glühweinbude im Namen der Mildtätigkeit hatte aus der Tasche ziehen lassen, um es ihnen im Gegenzug mit seinen Blüten zu danken!

Der feiste Klaus näherte sich dem Safe. Den Alukoffer, den er bei sich trug, stellte er darunter ab. Gleich neben dem Karton mit den falschen Fünfzigern. Er öffnete den Safe und nahm etliche Bündel mit Hunderteuronoten heraus, die er in den Koffer legte. Dann schloss er den Safe wieder.

Als er sich umdrehte, sah er sich dem Weihnachtsmann gegenüber, mit einer Pistole im Anschlag.

„Den Koffer! Los!“, blaffte der den völlig überraschten Firmeninhaber an.

Der Coup endete damit, dass der feiste Klaus den Koffer mit zitternden Händen an Adrian überreichte und der ihn zum Dank mit einem gezielten Kinnhaken auf die Bretter schickte. Markus fiel wieder ein, dass sein Freund im Knast Tag für Tag an seiner Boxtechnik gefeilt hatte.

„Hast du gesehen, was für eine Angst der fette Sack hatte? Nicht viel und er hätte sich in die Hosen gepinkelt“, feixte Adrian, als sie nur Minuten später in einen Waldweg einbogen, sich von den Weihnachtsmann-Masken befreiten, die falschen Nummernschilder vom Golf montierten und die Polizei verständigten. Natürlich anonym. In der Lilienthalstraße sei etwas im Busch, meldete Markus dem diensthabenden Polizisten. „Auf dem Gelände der Ahab-Werbeagentur schleichen irgendwelche Typen herum. Was …? Ja, ja, möglicherweise Einbrecher … Ja, tun Sie das. Schicken Sie eine Streife … Gerne. Keine Ursache. Mein Name …? Nein, mein Name tut nichts zur Sache. Tschüss.“ Eine Minute, vielleicht auch zwei, saßen sie nur da und starrten durch die Windschutzscheibe auf die schwarze Baumkulisse. Plötzlich griff Adrian hinter sich in den Koffer auf dem Rücksitz. Er holte ein Bündel Hunderter heraus und hielt es sich vor die Nase. „Schöne Bescherung“, brummte er und wandte sich seinem Beifahrer zu.

Markus sah seine leuchtenden Augen und nickte. „Das wird es“, bestätigte er. Längst hatte er sich einen Plan zurechtgelegt. Keinen einzigen der Hunderteuroscheine wollte er behalten ... na ja, einen vielleicht. Oder auch zwei oder drei. Aber sicher nicht mehr.

Eine Woche vor dem Fest fand die Mitarbeiterin einer Einrichtung für krebskranke Kinder einen prall gefüllten Briefumschlag im Postfach. Ein anonymer Spender hatte ihnen zwanzigtausend Euro vermacht. Den feisten Klaus hingegen würde das Weihnachtsfest teuer zu stehen kommen. Nicht einmal sein Anwalt glaubte ihm, dass er keine Ahnung von den falschen Fuffzigern gehabt hatte, die in seiner Firma gedruckt wurden.

Markus, der seinen Freund Adrian großzügig für seine Dienste entlohnt hatte, las mit Vergnügen von den Mutmaßungen der Polizei, die alle auf eine interne Abrechnung zwischen Firmeninhaber und Mitarbeitern hinausliefen. Von den Hunderteuroscheinen allerdings, die als Beweis für die Theorie gedient hätten, fehlte jede Spur.

Markus stand auf und trat mit einem Glas Glühwein ans Fenster. Es hatte zu schneien begonnen. Rechtzeitig vor Heiligabend. Und morgen fuhr er zu seiner Schwester.

Er hob das Glas und prostete seinem Spiegelbild zu, das sich schwach in der Fensterscheibe abzeichnete.

„Na dann, frohe Weihnachten“, sagte er.

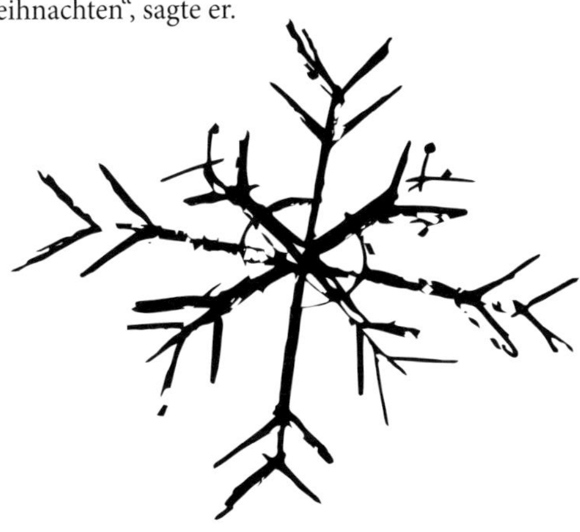

Blind Booking, Teil 1

Die Beziehung von Annika und Felix steckt irgendwie fest. Gefangen in Langeweile. Hamburg ist schön, Hamburg ist aufregend, Hamburg hat unendlich viel Abwechslung zu bieten. Aber auch daran kann man sich gewöhnen und der Vielfalt und urbanen Atemlosigkeit überdrüssig werden. Besonders jetzt, im vorweihnachtlichen Trubel, macht sich bei den beiden Großstadtpflanzen eine unerklärliche Einsamkeit breit. Sie kämpfen in ihrer kleinen, beengten Mietwohnung jeder für sich dagegen an. Wollen den Partner nichts anmerken lassen und wissen doch um die innere Leere des anderen. Immer öfter streiten sie miteinander. Ein Zustand, den Annika schließlich nicht mehr erträgt.

„Ich drehe langsam durch", sagt sie eines Tages Anfang Dezember zu Felix. „Wir geraten immer öfter aneinander. Das macht mich fertig. Wir müssen was ändern."

Das klingt vorwurfsvoll und Felix reagiert gereizt: „Gibst du jetzt mir daran die Schuld?"

„Quatsch! Das habe ich nicht gesagt!", verteidigt sich Annika. „Ich finde nur, wir müssen unseren Trott einfach mal durchbrechen. Gerade jetzt, in der Adventszeit und zu Weihnachten. Ich bin es echt leid! Der ganze Trubel, der Winterdom, Shopping, Geschenke. Jedes Jahr das Gleiche. Wo bleiben eigentlich wir dabei? Wir sind wie Maschinen. Funktionieren, aber verpassen das Leben."

„Und? Was schlägst du vor?"

„Wir sollten uns ausklinken", sagt Annika. „Nur ein paar Tage über Weihnachten. Einfach abhauen."

„Ah, gut. Und wohin?" Felix sieht seine Frau schief an. „In irgendeinen Winterferienort? Wo es dann so weiterläuft, nur mit anderen Vorzeichen? Und überhaupt, wo willst du so kurzfristig noch was herbekommen? Ist doch sowieso alles ausgebucht."

„Ich dachte eher an etwas anderes", verkündet Annika. „Einsamkeit, Stille, nur wir zwei und um uns herum nichts als Natur. Keinen Stress.

Seele baumeln lassen. Vielleicht besinnen wir uns dann wieder ein bisschen auf uns."

„Hört sich an, als hättest du schon einen konkreten Plan." Felix mustert sie misstrauisch. Er kennt Annika. Wenn sie so etwas vorschlägt, braucht er sehr gute Argumente, um die Sache noch zu stoppen. „Für das Mittagessen zur Jagd gehen muss ich aber hoffentlich nicht."

Annika schüttelt lachend den Kopf. „Das glaube ich kaum. Aber ein wenig Abenteuer wäre doch eigentlich gar nicht so schlecht."

„Abenteuer, aha." Er grinst. „Und an was genau hast du dabei gedacht?"

„Schon mal was von Blind Booking gehört?"

Felix zieht die Stirn kraus. „Sind das nicht diese Angebote, wo man die Katze im Sack kauft?"

„Aber dafür extrem günstig", nimmt ihm Annika sofort den Wind aus den Segeln.

„Du hast natürlich schon das passende Angebot gefunden."

„Habe ich. Also, nein, nicht das Angebot, sondern die passende Webseite, auf der so was angeboten wird. Wir müssen nur noch unsere Wünsche zusammenstellen und buchen. Erst danach wissen wir, wo es hingeht. Aber das ist ja das Spannende."

„Eigentlich mag ich keine Überraschungen", knurrt Felix. „Jedenfalls nicht solche."

„Ach komm." Annika wischt seine Bedenken mit einer Handbewegung weg. „Warte, ich hole mein Notebook. Wir buchen am besten sofort, ehe wir es uns anders überlegen."

Ich habe mir eigentlich noch gar nichts überlegt, denkt Felix nur, hält aber seinen Mund. Vielleicht ist so ein Überraschungstrip tatsächlich eine Gelegenheit, neuen Schwung in ihre Ehe zu bringen.

Locobo heißt die Seite, auf der man die Reisen mit unbekanntem Ziel buchen kann. Zu irre günstigen Preisen. Felix ist misstrauisch, prüft das Impressum. Alles in Ordnung. *Locobo* steht für „low cost booking". Ein deutscher Anbieter, aber es scheint, ohne Anglizismen läuft es auch in dieser Branche nicht.

Sie markieren verschiedene Auswahlkriterien, zu denen neben Einsamkeit, Bergwelt, Ruhe, Natur und Abenteuer auch Elemente gehören, die einen halbwegs erholsamen Urlaub versprechen, wie etwa die sanitäre Grundausstattung, Strom, Kaminofen, Einbauküche. Anfahrt mit dem Auto haben sie ebenfalls gewählt und Selbstversorger. Einen prall gefüllten Kühlschrank werden sie demnach kaum vorfinden. Vielleicht muss Felix ja doch auf die Jagd gehen, scherzt Annika. Sie betätigen den Buchungsbutton. Wenig später erhalten sie die Informationen zu ihrem Urlaubsziel. Es liegt im Harz.

„Voll ins Klo gegriffen", mault Felix enttäuscht. „Harz! Ausgerechnet. Ätzend langweilig." Ihm haben Bilder von einer verschneiten Alpenlandschaft vor Augen gestanden. Irgendwie ist ihm entgangen, dass Annika 400 Kilometer als maximale Entfernung angehakt hat.

„Warum? Ist doch ideal!", lässt sie sich nicht beirren. „Still, einsam und nichts los. Erholung pur."

Die Fotos zu der angegebenen Adresse im Ostharz zeigen ein Fachwerkhaus. Der Putz in den Gefachen ist leicht mit schäbiggrauer Patina bedeckt. Erdgeschoss, Dachgeschoss, darüber ein Dachboden, wie das kleine Fenster in der Giebelspitze vermuten lässt. Die Dachziegel sind großflächig vermoost. Eine Satellitenschüssel ragt ein Stück über den Dachfirst heraus. Der Sockel ist aus groben Steinen gemauert. Um das Haus herum Wald. Eine geschotterte Zufahrt. Ein Schuppen gehört auch zum Anwesen. Die Ausstattung innen ist einfach. Möbel, die vermutlich mehr als ein Menschenleben gesehen haben. Küche und Bad mit allem ausgestattet, was man braucht. Das Bad sogar mit Dusche und Wanne. Einigermaßen sauber sieht es auch aus. Und doch scheint es keins der Ferienhäuser zu sein, wie man sie üblicherweise angeboten bekommt. Dieses Haus wirkt irgendwie ... anders. Für ein paar Sekunden beschleicht Felix ein beklemmendes Gefühl.

Annika verliert keine Zeit, wählt die angegebene Telefonnummer, unter der sie sich melden sollen, um den Schlüssel für das Haus zu erhalten. Eine Männerstimme meldet sich, tief und grollend. Der Mann nennt ihnen seine Adresse in Steckelnberg. Erklärt ihnen, dass es sich um einen kleinen Ort, zwischen Thale und Bad Suderode gelegen, handelt. Er kümmere sich um das Haus, organisiere die Vermietung an Gäste, eine

Einnahmequelle nebenher, solange der Eigentümer, ein alter Freund, bei seiner Tochter auf Malta sei, wo die mit ihrem Mann lebe. Sein Freund komme erst im Frühjahr wieder, im April.

Annika und Felix reisen am Samstag, den 16. Dezember an. Einen Tag vor dem 3. Advent. Sie haben bis zum 27. Dezember gebucht. Elf Tage sollten ausreichen, um ihr inneres Gleichgewicht wiederzufinden. Und die Urlaubskasse wird bei diesem Angebot nicht über die Maßen strapaziert.

Es liegt Schnee. Nicht sehr viel, eine dünne Schicht nur. Ein paar Zentimeter dick. Aber das ist weit mehr als in Hamburg. Da liegt gar nichts. Hier im Harz wirkt das gleich doppelt. Zum einen wie Winter, so wie er sein soll, weiß und strahlend, nicht matschiggrau. Und zum anderen romantisch. Wegen der ganzen Natur drumherum. Schön hier. Richtig schön!

Herr Lotze, der Freund des Hauseigentümers, ist ein Mann mit stacheligem, grauem Haar und Mehrtagebart. Die Bartstoppeln bedecken ein faltiges, wettergegerbtes Gesicht, aus dem eisblaue Augen die beiden Urlauber abschätzend mustern. Er ist von gedrungener Statur, hat breite Schultern und Hände, die zupacken können. Das spüren Annika und Felix schmerzhaft bei der Begrüßung. Der Mann muss weit über sechzig Jahre alt sein, schätzen sie. Und gleichzeitig wirkt er vital wie ein junger Kerl. Er händigt ihnen den Schlüssel aus, erklärt ihnen den Weg. Das Navi könnten sie vergessen, meint er. Das sei in diesem Fall überfordert. Dann gibt er ihnen noch ein paar Ausflugstipps. Nach Quedlinburg müssten sie morgen unbedingt fahren. Advent in den Höfen. Das sei etwas ganz Besonderes. Oder Advent im Park in Thale. Auch ganz nett. Ein kleiner, feiner Weihnachtsmarkt.

Annika und Felix bedanken sich. Erst mal ruhig angehen lassen, sagen sie, und dann wird man sehen. Sie verabschieden sich und machen sich auf den Weg, hinein in den Harz zu ihrem Urlaubsdomizil.

Sie finden das Haus auf Anhieb. Kein Wunder, es liegt an dem einzigen Weg, der hier heraus und dann tiefer in den Wald hineinführt. Fünfzig Meter abseits steht das Gebäude, es sieht schäbiger aus als auf den Fotos. Etwas näher am Weg der Schuppen. Der Carport rechts neben dem Haus scheint nur noch durch die knorrigen Ranken des wilden Weins gehalten zu werden. Die beiden Urlauber stellen ihr Auto trotzdem darunter ab, nachdem sie die geschotterte Zufahrt überquert haben.

Sie nehmen ihre Koffer aus dem Auto, erklimmen die drei ausgetretenen Betonstufen zur Haustür, schließen auf und treten ein. Eine düstere Diele empfängt sie und ein muffiger Geruch. Sie lassen die Koffer links an der Treppe stehen, die nach oben führt, und beginnen ihre Erkundung im Erdgeschoss. Direkt unter der Treppe eine Toilette. Kleiner, grün gefliester Raum mit WC, Waschbecken, Spiegelschrank, Hängeregal. Die Tür daneben führt in die Küche. Genau wie beschrieben. Spülmaschine, Geschirr, Besteck, Toaster und Kaffeemaschine, alles da. Dazu ein Kühlschrank, der läuft, aber leer ist. Sogar eine Mikrowelle versteckt sich hinter einer der Schranktüren. Ein alter Küchentisch mit abgewetzter Tischplatte. Vier einfache Stühle darum gruppiert. Durch zwei Fenster an der Längsseite geht der Blick nach draußen auf den verschneiten Wald. Hier liegt mehr Schnee als im Ort. Was ein paar Höhenmeter doch ausmachen!

Die Tür am Ende der Diele führt in einen Raum, der unterteilt ist. Links befindet sich eine Vorratsecke, in der zwei Regale stehen, gefüllt mit Konserven, Einweckgläsern und anderen haltbaren Lebensmitteln. Auf einigen der Gläser ist eine dünne Staubschicht zu sehen. Den größten Teil des Raumes nimmt rechts die Heizungsanlage ein. Eine Gasheizung, die in Betrieb ist. Vermutlich von Herrn Lotze eingeschaltet, um ihnen einen warmen Empfang zu bereiten. Sicher hat er auch in anderen Bereichen des Hauses Vorsorge getroffen.

Zwei Türen gibt es noch, die auf der anderen Seite von der Diele abgehen. In ein kleines Arbeitszimmer die erste Tür. Ein wuchtiger Schreibtisch inmitten von vollgestopften Bücherregalen und verblassten Fotografien, die wie eine Ahnengalerie an der Wand aufgereiht hängen. Den Dielenboden, über die Jahre ausgetreten und dunkel geworden, zieren zwei Läufer in undefinierbaren Brauntönen.

Annika und Felix verlassen schnell den Raum. Die Enge darin verursacht ein beklemmendes Gefühl in ihnen. Hinter der letzten Tür verbirgt sich das Wohnzimmer. Auch hier wirkt alles düster und uralt. Immerhin gibt es einen Flachbildfernseher. Dominiert wird der Raum jedoch von einem wuchtigen Kaminofen, der sofort ihr Interesse findet. Neben dem Ofen steht ein Weidenkorb voll mit Holzscheiten, auf einem Sims Streichhölzer und ein kleiner Karton Kaminanzünder. Das verspricht einen gemütlichen ersten Abend, der vielleicht auch die niederdrückende, düstere Stimmung, die über dem Haus liegt, vergessen macht.

Annika und Felix schleppen ihre Koffer die knarrenden Treppenstufen hinauf. Das Schlafzimmer mit seiner Dachschräge ist komplett holzgetäfelt. Auch hier, wie fast im ganzen Haus, laufen sie über einen Dielenboden. Sie werfen die Koffer auf das frisch bezogene Doppelbett. Die nötigen Sachen für die Nacht können sie später herausholen und morgen den Rest in den Schrank räumen. Nach einem schnellen Blick in das Bad, dem einzigen Raum, der offensichtlich erst vor Kurzem renoviert wurde, gehen sie wieder hinunter. Es dämmert bereits. Zeit, den Karton mit den Lebensmitteln aus dem Auto zu holen und den Kamin anzuheizen.

Das Kaminfeuer schafft es im Handumdrehen, dass die beiden Urlauber ein wohliges Gefühl verspüren. Als wäre das Wohnzimmer eine warme Höhle, in der sie vor den Unbilden der eisigen Winternacht geschützt sind. Wie von selbst fällt der kratzige Großstadtmantel von ihnen ab und ein flauschiger Pelz aus Stille und Frieden hüllt sie ein. Sie machen sich ein paar Brotschnittchen zurecht, genug für ihr erstes Abendbrot. Dann lümmeln sie sich mit einem Glas Rotwein auf die durchgesessene Couch, schauen in die Flammen, die hinter der Glasscheibe des Kamins lodern, und lauschen dem Knistern und Knacken der brennenden Holzscheite. Irgendwann schaltet Annika den Fernseher an. Es läuft ein Herzschmerz-Film, der Felix nicht interessiert. Ihn zieht es in das Arbeitszimmer, zu den Büchern. Er liest gern. Vielleicht findet er etwas Interessantes.

Der Hauseigentümer scheint historische Romane zu mögen, von denen etliche in den beiden Regalen stehen. Vor allen Dingen aber gilt das Interesse des Mannes allem, was mit dem Harz zu tun hat: Sachbücher mit geschichtlichen Themen. Und über Bräuche, über Bergbau, Fauna und Flora. In einigen geht es um die ehemalige Grenze. Sagenbücher finden sich ebenfalls im Regal. Mehrere Bände. Hier greift Felix zu. Noch im Stehen blättert er durch die Seiten, liest hier und da eine Zeile und glaubt den mystischen Hauch zu spüren, der dem Buch entweicht und plötzlich unsichtbar in diesem düsteren Zimmer hängt. Er klappt das Buch zu, nimmt es mit ins Wohnzimmer und setzt sich in einen Sessel, der etwas abseits unter einer Stehlampe zum Lesen einlädt. Es dauert nicht lange, dann löst sich die Welt um ihn auf und er versinkt in den dunklen Erzählungen, die von Raunächten um die Jahreswende handeln, von magischen Ritualen, von Geistern und Dämonen.

Es ist kurz vor elf, als die zwei todmüde ins Bett fallen. Die Reise war doch anstrengender, als sie gedacht haben. Und die wohlige Ruhe am Kamin hat auch ihren Teil dazu beigetragen. Genauso haben sie sich ihren Urlaub vorgestellt. Zumindest Annika hat das.

Ein Geräusch lässt Felix mitten in der Nacht hochschrecken. Er hat ohnehin einen leichten Schlaf, im Gegensatz zu Annika, der man das Bett unter dem Hintern wegklauen könnte, ohne dass sie aufwacht. Er lauscht einige Minuten ins Dunkel.

Nichts.

Doch! Da ist es wieder. Kratzen, Scharren, leises Rumoren. Irgendjemand macht sich im Haus zu schaffen. Woher kommt das? Von unten? Oben? Er kann es nicht genau verorten. Nach einigen Augenblicken der Stille hört er es erneut. Er greift nach seinem Smartphone, das neben ihm auf dem Nachttisch liegt. Zwei Uhr morgens. Annika schnarcht leise vor sich hin. Was soll er tun? Nachsehen? Er ist nicht der Mutigste. Wenn es Einbrecher sind ...? Oder noch schlimmer? Er hat vor wenigen Stunden von Geistern und Dämonen gelesen. Das holt ihn jetzt ein. Verdammt, was soll das? Er ist ein rational denkender Mensch! An so einen Blödsinn glaubt er nicht! Aber wenn doch ...? Wieder kratzt, schabt und knarrt es. Leises Trappeln, Poltern. Etwas scheint umgefallen zu sein.

Es hilft nichts. Er muss nachsehen, auch wenn ihm bei dem Gedanken nicht wohl ist. Vorher findet er keine Ruhe. Er schiebt die nackten Füße in die Latschen neben dem Bett, schleicht aus dem Zimmer, findet draußen in der kleinen Kommode auf dem Flur eine Taschenlampe. Das ist mal Glück, denkt er, tapst die Treppe hinunter. Schaut hinter jede Tür, geht zuletzt ins Wohnzimmer. Im Kamin glimmt noch ein wenig Glut. Er bleibt einen Moment stehen, hält seine Hände an die warme Außenhaut des Ofens. Dann verlässt er den Raum, geht zur Haustür, wirft einen Blick nach draußen. Fahles Mondlicht erhellt den Platz vor dem Haus ein wenig. Links und rechts der Wald. Schwarz. Unheimlich. Es ist eisig kalt. Und still. Totenstill.

Schnell schließt er die Tür wieder, eilt zurück nach oben. Über sich sieht er im Schein der Taschenlampe die Klappe in der Decke. Die hat er bisher noch nicht bemerkt. Der Zugang zum Dachboden, vermutet er. Er überlegt kurz, ob er dort oben auch nachsehen soll, lässt es dann aber sein. Tiere. Es sind nur kleine Viecher, die sich da oben eingenistet haben, redet er sich ein. Marder machen so was. Hat er mal gelesen, erinnert er sich. Seine Füße sind eiskalt. Er geht wieder ins Bett, lauscht. Hört nichts mehr. Nur Annikas Atmen.

Als Felix am Sonntagmorgen aufsteht, empfängt ihn Annika in der Küche mit einem gedeckten Frühstückstisch und frischen Brötchen.

„Wo hast du die denn her?“, wundert er sich.

„Hingen draußen an der Tür“, sagt Annika. „Herr Lotze hat vor ein paar Minuten angerufen und gesagt, dass er sie dort hingehängt hat. Er war schon sehr früh da, wollte uns nicht wecken. Kleines nachträgliches Willkommensgeschenk.“

„Nett“, erwidert Felix knapp. „Aber wie kann er anrufen. Wir haben hier kein Handynetz.“ Das hat er gestern schon enttäuscht festgestellt. Wireless Lan gibt es auch nicht. Völlig abgeschnitten von der Welt ist man hier.

„Festnetz“, klärt Annika ihn auf. „Hast du das Telefon im Wohnzimmer nicht gesehen?“

Hat er tatsächlich nicht. Jedenfalls nicht bewusst. Weil Festnetztelefone in seinem Leben kaum noch vorkommen.

Nach dem Frühstück unternehmen sie eine kleine Wanderung. Nicht sehr weit. Folgen dem Weg vor dem Grundstück weiter in den Wald hinein. Passieren eine marode aussehende Blockhütte, kehren irgendwann um, sind nach einer Stunde wieder zurück. Sie wärmen sich ein wenig auf, trinken eine Tasse Kaffee. Dann setzen sie sich ins Auto. Sie wollen Thale besuchen, dort irgendwo etwas zu Mittag essen. Danach werden sie weiter nach Quedlinburg fahren. Advent in den Höfen – der Tipp von Herrn Lotze hat sie neugierig gemacht.

Sie sind kaum in Quedlinburg angekommen, da fühlen sie sich schon wie in einem Wintermärchen. Die pittoresken Fachwerkhäuser der Welterbestadt, wie mit Puderzucker überzogen, verzaubern sie. Der Duft von Glühwein, Bratwurst, Lebkuchen, gebrannten Mandeln – den gibt es in Hamburg auch. Auf dem Weihnachtsdom oder vor dem Rathaus. Aber hier ist es anders. Trotz der vielen Besucher wirkt alles beschaulicher, festlicher, liebevoller. Sie wissen nicht, dass die eigentliche Überraschung noch auf sie wartet: Advent in den Höfen, das Highlight der Vorweihnachtstage in Quedlinburg. Über zwanzig Innenhöfe der historischen Häuser öffnen ihre Tore und gewähren den Besuchern einen Blick hinter die Kulissen.

Fassungslos bestaunen Annika und Felix die alten, von knorrigen Balken durchzogenen Gemäuer, die Schuppen und Ställe, in denen lokale Aussteller in liebevoll gestalteten Ständen und Hütten Handwerkskunst, Basteleien, Keramik und allerlei regionale Leckereien feilbieten. Viele der Höfe haben ein eigenes Motto und ein entsprechendes Angebot.

An einem Stand mit Weidenkörben bleibt Annika stehen, während Felix langsam weitergeht. Sie kommt mit der Verkäuferin ins Gespräch, erzählt ihr, dass sie in der Nähe ihren Urlaub verbringen und wie sie an das Haus gelangt sind, in dem sie wohnen. Blind gebucht.

„Oh, das Haus vom alten Wedel", sagt die Verkäuferin. „Kenne ich. Ist ein komischer Kauz. Eigenbrötler, unzugänglich. Der hat Ihnen das Haus vermietet? Und wo ist er jetzt? Wohnen Sie etwa zusammen mit dem unter einem Dach?"

Annika schüttelt den Kopf. „Nein. Sein Freund, Herr Lotze, sagt, dass er bis zum Frühjahr bei seiner Tochter wohnt. Auf Malta."

„Ach! Wirklich? Haben die sich wieder versöhnt?"

„Wieso?", hakt Annika nach. „Hatten sie Streit?"

„Oh ja! Das kann man wohl sagen!" Die Verkäuferin schiebt sich näher an Annika heran, senkt ihre Stimme. „Der Alte hat sie tyrannisiert, das glauben Sie nicht. Beide. Tochter und Frau. Irgendwann hat die Tochter ihre Siebensachen gepackt und ist weg. Und kurz danach war auch die Frau verschwunden. Bei Nacht und Nebel. Keiner weiß, wohin." Sie schaut sich kurz um, wird noch leiser. „Man erzählt sich ja, der alte Wedel hat sie ... na ja ... verschwinden lassen", raunt sie. „Ist nur ein Gerücht, sonst hätte man das bestimmt rausgekriegt. Aber wer weiß ..." Sie bedenkt Annika mit einem Blick, der Böses ahnen lässt. „Soll ja auch spuken in seinem Haus, sagen die Leute."

„Davon haben wir nichts gemerkt", entgegnet Annika mit wackeliger Stimme. Sie spürt plötzlich ein leichtes Magengrummeln.

„Ach was! Ich glaube das auch nicht. Und außerdem, Bangemachen gilt nicht, sage ich immer." Die Verkäuferin richtet sich auf, schaut sich geschäftig um. „Dann wünsche ich Ihnen noch einen schönen Urlaub." Sie schenkt Annika ein freundliches Lächeln und wendet sich einer Frau zu, die bedient werden möchte.

Zwei junge Kerle, vielleicht fünfzehn Jahre alt, haben eine Weile in Hörweite gestanden und interessiert die Körbe betrachtet. Jetzt setzen sie ihren Weg fort. Annika lässt ihre Augen suchend über die Besucherköpfe wandern, entdeckt Felix, drängt sich zu ihm durch. Noch eine knappe Stunde schlendern sie durch die Höfe, Annika kauft ein Glas Honig, einen Beutel Tee und eine Keramiktasse. Dann fahren sie zurück zu ihrer Unterkunft. Es hat zu schneien begonnen. Für die Nacht sind Wind und starke Schneefälle angesagt.

Bei ihrer Dämmerstunde vor dem Kamin berichtet Annika Felix von ihrer Unterhaltung mit der Korbverkäuferin. Was die Frau über den Eigentümer dieses Hauses gesagt hat. Auch, dass es hier spuken soll, erzählt sie ihm. Sie will es nicht für sich behalten. Sie weiß zwar, dass es Unsinn ist – trotzdem macht ihr der Gedanke Angst. Felix hört ihr schweigend zu und denkt dabei an die Geräusche der vergangenen Nacht.

Blind Booking, Teil 2

Wieder schläft Felix schlecht. Der Wind, der die Schneefront vor sich hertreibt, reißt ihn ein ums andere Mal aus einem unruhigen Dämmerzustand. Die Böen pfeifen um das Haus, es scheppert und klappert. Annika liegt neben ihm, zusammengekauert wie ein kleines Kind. Sie atmet leise und regelmäßig. Er beneidet sie um ihren festen Schlaf. Irgendwann übermannt ihn die Müdigkeit aber doch und er sinkt ins Reich der Träume.

Ein Pochen dringt in sein Unterbewusstsein. Es dauert einen Moment, dann schreckt er hoch und reißt die Augen auf. Kein Traum! Da! Da ist es wieder, das heftige Klopfen.

„Hilfe!"

Jemand schreit. Laut und kläglich. Dazu das Pochen. Drängend. Wie Faustschläge auf Holz.

„Hilfe!"

Schrilles Kreischen. Eine Frau, glaubt er. Die Stimme kommt von unten. Von draußen. An der Haustür ist jemand! Und er ist in Not! Kein Zweifel!

Felix springt aus dem Bett, tastet nach der kleinen Nachttischlampe, drückt den Schalter. Seine Füße finden die Schlappen. Er stolpert die Treppe hinunter, sein Herz schlägt bis zum Hals. In der Diele greift er nach seiner Daunenjacke, die am Garderobenhaken hängt, wirft sie sich über. Mit zittrigen Fingern dreht er den Schlüssel im Schloss, reißt die Tür auf. Er prallt gegen eine Nebelwand, hinter der sich die Nachtschwärze verbirgt. Es muss noch sehr früh sein. Er hat nicht auf die Uhr gesehen.

Seine Augen wandern nach unten. Der Schnee vor der Türschwelle, platt getreten. Ein Stück weiter weg dunkle Flecken. Sonst ist da nichts. Es muss aber jemand da gewesen sein. Jemand, der gegen die Tür geschlagen und um Hilfe gerufen hat. Wo ist der jetzt? Die Taschenlampe! Wo hat er sie hingelegt letzte Nacht? Richtig, sie liegt wieder an ihrem alten Platz. Er erinnert sich, hastet die Treppe hoch, holt die Lampe, ist Augenblicke später zurück an der Haustür. Das Lampenlicht kann den Nebel nicht durchdringen. Aber es lässt Felix die tiefe Spur in der frischen Schneedecke erkennen. Sie scheint von links zu kommen, um dann fast geradeaus vom Haus wegzuführen. Daneben reihen sich Flecken auf. Unterschiedlich groß. Wie an einer Perlenkette. Sie färben den Schnee rot. Rot wie Blut!

„Hallo!", ruft Felix. Seine Stimme klingt im Nebel hohl. Ein ungutes Gefühl überfällt ihn. Er zittert leicht. Die Kälte. „Hallo, ist da wer?"

Keine Antwort. Vorsichtig tastet er sich die Stufen hinunter, macht ein paar Schritte, versinkt im Schnee. Es müssen weit über zehn Zentimeter gefallen sein. Er konzentriert sich auf die Spur, die vom Haus wegführt und begleitet wird von den roten Flecken. Nach ein paar Metern sind seine Füße eiskalt und nass. Er sollte besser umkehren, sich Strümpfe und feste Schuhe überziehen. Sich überhaupt erst einmal ordentlich anziehen. Doch dafür ist es jetzt zu spät. Der Schuppen taucht schemenhaft in dem schwarzgrauen Nebelgebräu auf. Dahin führt die Spur. Er stapft weiter, wie von einer unsichtbaren Hand angezogen, sieht, als er nahe genug ist, dass die Schuppentür offen steht. Nur einen Spalt. Und daneben lehnt etwas an der Wand. Ein Holzstiel? Er bleibt stehen. Das mulmige Gefühl, das ihn bis hierher begleitet hat, ist mit jedem Meter stärker geworden. Dann macht er zögernd die nächsten Schritte.

„Hallo!", ruft er wieder. „Ist ... ist da jemand drin?" Es hört sich an, wie er sich fühlt. Verzagt.

Der Holzstiel entpuppt sich als Axt. Felix zieht sie aus dem Schnee, sieht das blutverschmierte Axtblatt. Sein Herz setzt ein, zwei Schläge aus. Der Schreck sitzt tief. Es kostet ihn alle Kraft, sich trotzdem zu überwinden. Er steckt die Taschenlampe in seine Jacke, umfasst den Holzstiel mit beiden Händen. Er will gewappnet sein, wenn er der Person gegenübersteht, die sich im Schuppen verbirgt.

„Komm raus da!", brüllt er die Tür an. Schreien hilft gegen die Angst.

Im Schuppen bleibt es still. Keine Antwort. Nichts regt sich. Lauert jemand hinter der Tür? Ist er bewaffnet? Was tun? Felix hält den Atem an. Er sollte verschwinden. So schnell wie möglich. Sich mit Annika im Haus verbarrikadieren. Die Polizei rufen. Aber irgendwas in ihm ignoriert die Vernunftgedanken. Er löst eine Hand wieder vom Stiel, zieht die Taschenlampe heraus. Die Axt erhoben, schiebt er mit der Fußspitze die Tür etwas weiter auf. So weit, dass er hineinleuchten kann.

An der Schuppenrückwand ist Brennholz aufgestapelt. Felix schwenkt die Lampe etwas zur Seite. Erst nach links. Nur altes Gerümpel. Dann nach rechts.

„Mein Gott!“, stöhnt er auf und erstarrt, als er im Lichtschein die Frau erkennt, die dort zusammengesunken auf einem Stuhl hockt. Ein undeutliches Bild nur, aber mehr braucht er nicht zu sehen. Sie scheint gefesselt, ist blutüberströmt. Sie ist tot! Gerade noch hat sie an die Haustür gehämmert und um Hilfe gerufen!

Felix kann den Blick nicht abwenden, doch das Bild verschwimmt immer mehr vor seinen Augen. Dann endlich erwacht er aus seiner Starre, lässt die Axt fallen, rennt stolpernd und rutschend zum Haus zurück, glaubt tausend Teufel hinter sich. Er stürzt durch die Tür, wirft sie zu, schließt ab, hastet die Treppe hinauf ins Schlafzimmer.

„Annika, wach auf! Zieh dich an!“, schreit er. Atemlos.

„Was ...? Was ist?“ Sie blinzelt aus verschlafenen Augen.

„Los, schnell! Draußen läuft ein Mörder herum! Ich rufe die Polizei!“

Eine Minute später steht er wieder im Schlafzimmer. Annika empfängt ihn mit schreckgeweiteten Augen. Sie ist immer noch nicht vollständig angezogen.

„Tot“, stößt er aus. „Die Leitung ist tot. Scheiße!“

„Was ist denn nur los?“, wimmert sie.

Felix versucht, es ihr zu erklären. Er atmet schwer, bringt kaum einen vernünftigen Satz heraus.

„Wir müssen weg ... schnell. Der Mörder ... ist da draußen. Irgendwo ... im Nebel! Hier im Haus, das ist ... wie eine Falle!“ Er sieht, dass sie versteht. Endlich! „Beeil dich!“, fordert er sie auf. Er zieht sich hastig Socken über seine eiskalten Füße.

Unten in der Diele schlüpfen sie in ihre Winterstiefel. Stürzen nach draußen, hin zum Auto. Felix schabt ein kleines Guckloch frei. Keine Zeit, Eis und Schnee von Dach und Scheiben zu kratzen. Sie steigen ein. Felix startet. Legt den Rückwärtsgang ein, tritt aufs Gas, steuert blind. Sie kommen nur wenige Meter weit. Der Wagen rutscht zur Seite, steckt in einer Schneewehe fest. Alle Versuche freizukommen, misslingen.

Irgendwo im Nebel steht der Mörder, schaut ihnen zu und wartet ab.

„Verdammt! Verdammt! Verdammt!“ Felix schlägt verzweifelt auf das Lenkrad ein. Besinnt sich wieder. „Komm“, ruft er.

„Was hast du vor?“ In Annikas Augen lodert Panik.

„Zu Fuß! Wir müssen es zu Fuß versuchen! Uns irgendwie zum Dorf durchschlagen!“

„Aber ...“

„Wir haben keine andere Wahl!“

Sie lassen ihr Auto stehen, laufen dorthin, wo sie den Weg vermuten. Der Nebel verschlingt alles.

„Halt!“, zischt Felix und fasst Annika am Arm.

„Was ist?“ Ihre Stimme zittert.

„Da vorn am Weg, da bewegt sich was. Ich habe einen Schatten gesehen.“

„Du meinst ...?“

„Er lauert uns auf. Er glaubt, wir laufen ihm in die Arme.“

„Was sollen wir tun?“

„Durch den Wald. Wir halten uns so dicht wie möglich in der Nähe des Weges.“

Sie stapfen los so schnell sie können, verschwinden unter den Bäumen. Der Nebel lässt sie kaum die Hand vor Augen erkennen, so dicht ist er. Wie in einem Wattekokon laufen sie, immer nur von einem Baum zum anderen. Jedes Geräusch klingt merkwürdig leer, nah und doch weit entfernt. Selbst ihre eigenen Stimmen kommen ihnen fremd vor. Sie meinen Schatten zu sehen, die ihnen folgen, verschärfen ihr Tempo, stolpern über Äste, müssen aufpassen, dass sie sich nicht verletzen.

Bald wissen sie nicht mehr, wo sie sich befinden. Ob sie noch auf dem richtigen Weg sind. Der Nebel löst alles auf. Verwandelt jede Gewissheit in milchiges Nichts. Dann, völlig überraschend, tauchen vor ihnen in der feucht-grauen Suppe mehrere Gebäude auf. Es scheint, dass sie zusammengehören. Ein Bauernhof vielleicht. Endlich!

Es ist heller geworden. Allmählich erwacht der neue Tag. Sie laufen über die Freifläche hinüber zu einem Gebäude mit Flachdach. Ein Stall? Als sie an dem offen stehenden Tor ankommen, werfen sie einen kurzen Blick hinein. Es ist eine Werkstatt. Holz in allen Varianten ist darin gelagert, Werkzeuge hängen an den Wänden, liegen und stehen herum. Eine Tischlerei? Irgendwo weiter hinten knattert ein Motor. Ein kleines Moped? Das plötzliche Aufjaulen belehrt sie eines Besseren. Eine Motorsäge. Wer immer die Säge betätigt, sie müssen ihn um Hilfe bitten.

Schnell huschen sie zum Wohnhaus hinüber, auf das Sägegeräusch zu. Sie wollen gerade um die Ecke biegen, als die Kettensäge verstummt. Zwei Männerstimmen sind zu hören. Undeutlich. Felix, der vorgeprescht ist, macht instinktiv einen Schritt zurück, packt Annika am Ärmel und zieht sie zu sich an die Hauswand.

„Warte!“, zischt er und legt den Finger an die Lippen.

Die tiefe, grollende Stimme des einen Mannes kennen sie. Lotze! Der Freund des Vermieters. Der andere Mann scheint der mit der Motorsäge zu sein. Es sind nur Wortfetzen, die Felix und Annika erreichen. Aber die versetzen sie in tiefe Angst. Die Männer sprechen von einer Hexe.

„... Pech gehabt ...“, hören sie. „Sollte eigentlich anders ... die Hexe ist ... hab sie geköpft ...“

„Scheiße ...“, flucht Lotze. „Die anderen ... besser aufpassen.“

„Hab ich ... schon flambiert ...“

„Noch zwei ... bringe ich bald ...“ Wieder Lotze. Offensichtlich verspricht er dem Kettensägemann Nachschub. Menschlichen Nachschub?

Felix hat genug gehört. „Weg! Weg hier!“, wispert er panisch. „Das sind Mörder! Lotze und der andere. Die reden von uns! Die wollen uns auch ...!“

Sie schaffen es, unbemerkt das Hofgelände zu verlassen, erkennen nach wenigen Minuten die Dächer des Dorfes im dünner werdenden Nebel.

In einem der ersten Häuser bittet eine freundliche ältere Dame sie herein und lässt sie mit der Polizei telefonieren. Danach versorgt sie ihre beiden verängstigten Gäste in ihrer warmen Küche mit Tee und hört sich ihre Geschichte an. Sie sagt nur wenig, stimmt ihnen nur hin und wieder zu oder nickt gedankenverloren. Ob sie ihnen glaubt, können Felix und Annika nicht mit Bestimmtheit sagen.

Sie werden von einem Streifenwagen aus Thale abgeholt und zu ihrem Ferienhaus gebracht. Dort haben sich bereits weitere Polizisten versammelt, die sich vor dem Haus zu schaffen machen und den Schuppen untersuchen. Lotze ist auch da. Er steht mitten auf dem Platz und unterhält sich mit einem der Beamten. Als sie aus dem Polizeiwagen steigen, kommt er auf sie zu.

„Na, Sie haben ja einen ganz schönen Aufruhr verursacht!“, ruft er ihnen zu.

„Wir?“, gibt Felix entrüstet zurück. „Das Blut! Die Tote im Schuppen! Die Axt! Was sollten wir denn tun? Wir sind um unser Leben gerannt! Und dann Sie und dieser Motorsägenkiller ...“

„Stopp!“, fährt einer der Polizisten dazwischen. „Jetzt beruhigen wir uns erst mal.“ Dann wendet er sich an Felix und Annika. „Es gibt keine Leiche. Und keine Axt. Und das Blut ist ... nun ja ... nur Theaterblut. Da hat sie jemand ganz schön auf den Arm genommen. Wollte Ihnen wohl Angst machen ... mit einer Strohpuppe in Frauenkleidern. Und einer Maske. Findet man hier öfter. Braucht man zu Walpurgis.“

„Wie bitte? Das ist ... das glaube ich jetzt nicht!" Annika hat die Augen weit aufgerissen, starrt den Beamten fassungslos an. Felix ist nahe am Nervenzusammenbruch. „Wer ... wer macht denn so was?"

„Wem haben sie alles von Ihrem Urlaub in diesem Haus erzählt?"

„Niemandem", sagt Annika. „Nur Herr Lotze weiß es." Dann erinnert sie sich an ihr Gespräch mit der Korbverkäuferin in einem der Höfe in Quedlinburg. Und auch die beiden Jungen fallen ihr ein, die eine Weile neben ihr gestanden haben und durchaus etwas hätten aufschnappen können. Der Beamte sieht Lotze an, nickt leicht. Lotze nickt zurück. Ihrem Gesichtsausdruck nach zu urteilen, scheinen sie etwas zu ahnen. Als Felix sie fragt, wiegeln sie ab.

Felix und Annika sind zurück in Hamburg. Sie haben ihren Harzurlaub abgebrochen. Es ist Heiligabend und sie bleiben zu Hause. Feiern allein in aller Stille. Gestern waren sie noch einmal in der City, haben am letzten Öffnungstag den Weihnachtsmarkt vor dem Rathaus besucht. Ein schöner Abend, den sie angesichts der zurückliegenden Ereignisse ganz anders erlebt haben als die Jahre zuvor.

Wenige Tage später, am 30. Dezember, werden die zwei von einer Nachricht aufgeschreckt: Auf einem Wohngrundstück im Wald nahe der kleinen Harzstadt Thale wurde eine Leiche entdeckt. Im Schuppen, der zu dem Haus gehöre, sei man auf einen stark skelettierten Frauenkörper gestoßen. Es wird vermutet, dass es sich um die Ehefrau des Hauseigentümers handelt, die seit einigen Jahren als vermisst gilt.

Felix greift zum Smartphone, ruft die Polizei in Thale an. Hat sofort einen auskunftsfreudigen Beamten am Apparat. Der Kollege, der vor Ort gewesen sei, als man ihnen den üblen Streich gespielt habe, sei noch einmal dort hingegangen, sagt er. Privat. Mit seinem Hund. Weil er als Einziger immer vermutet habe, dass die Frau des alten Wedel nicht einfach so abgehauen sei. Na ja, und die Geschichte mit der Frauenpuppe habe ihn auf die Idee gebracht, den Schuppen noch einmal etwas genauer zu untersuchen. Sein Hund habe schließlich den Beweis für seinen Verdacht ausgebuddelt.

„Ist Wedel der Mörder?", fragt Felix.

„Vielleicht. Vielleicht auch nicht", bleibt der Beamte vage. „Die Ermittlungen laufen."

„Auch in unserem Fall?"

„Ihr Fall?"

„Na ja, da hat uns jemand gehörig den Urlaub versaut!", entgegnet Felix. „Erinnern Sie sich?"

„Ach das meinen Sie." Der Beamte lacht. „Ein Dummejungenstreich. Mehr nicht. Sollten Sie nicht so ernst nehmen."

„Nicht so ernst ...?" Felix schnappt nach Luft.

„Na klar. Lachen Sie einfach drüber. Sie waren doch auch mal jung! Einen guten Rutsch wünsche ich Ihnen." Damit legt er auf.

Felix lässt langsam sein Smartphone sinken. Wirft Annika einen hilflosen Blick zu. Plötzlich fühlt er sich müde ... und alt. Steinalt.

Die heiligen drei Königinnen

Wieda ist ein kleines Dorf am Südharzrand, dessen Häuser sich in überwiegender Zahl auf einer Länge von etwa viereinhalb Kilometer an der Durchgangsstraße aufreihen. Es gibt kein Zentrum, etwa einen Dorfplatz, wo man sich versammelt, zu Festen oder anderen Gelegenheiten. Vielleicht wäre Wieda nur ein weiterer unscheinbarer Ort auf der Landkarte, den man schnell übersieht – gäbe es da nicht die Krippenweihnacht!

Jedes Jahr zur Adventszeit schmücken die Wiedaer Bürger und Bürgerinnen ihr Dorf, stellen überall entlang der Straße Weihnachtsbäume auf und lassen die Hausfassaden und Bäume in festlichem Glanz erstrahlen. Das Highlight jedoch sind die über zwanzig mannsgroßen Weihnachtskrippen, die von Ortsschild zu Ortsschild jedes Jahr an festgelegten Standpunkten vor den Häusern errichtet werden und in ihrer vielfältigen und ideenreichen Ausstattung Anziehungspunkt für Durchreisende, Gäste und Ortsansässige sind. Dazu gibt es etliche kleinere Krippen und Schaubilder, mit denen kreative und handwerklich geschickte Geister das weihnachtliche Bild bereichern. Die Aussicht, zu Fuß eine Hüttentour der etwas anderen Art durch das Dorf zu unternehmen, sich unterwegs mit Glühwein, Punsch und Bratwurst zu stärken, lockt in der Adventszeit Besucher von nah und fern in den Ort.

Günther Brühl stammt aus Hessen und lebt erst seit Kurzem in Wieda. „Günther mit te-ha", wie er stets betont, wenn er sich jemandem vorstellt. Er ist verheiratet, hat keine Kinder, was seine Frau sehr bedauert. Aber eigentlich lebt er gar nicht in Wieda. Sein Zuhause ist die Straße. Das Haus, das er gekauft hat, ist mehr oder weniger die Basis, von der aus er seine Reisen startet und zu der er zurückkehrt, um aufzutanken. Günther Brühl ist Handelsvertreter und in der gesamten Bundesrepublik unterwegs. Seine Frau sieht ihn bis auf wenige Ausnahmen nur am Wochenende.

Fast in Lichtgeschwindigkeit hat es Günther trotzdem geschafft, sich in die Dorfgemeinschaft zu integrieren. Dank seines Charmes und seiner zupackenden Art war er schon bald ein tonangebender Faktor unter den Alteingesessenen. Fast jede Minute, die er zwischen seinen Reisen zu Hause ist, investiert er zum Wohle des Dorfes. Kein Wunder, dass er schon im ersten Jahr in Wieda zum Kernteam der Krippenaufsteller gehörte. Gemeinsam mit den anderen ging er von Standort zu Standort, holte mit ihnen die eingelagerten Krippen aus ihrem Sommerschlaf, baute sie auf und putzte sie heraus. Günther zeigt sich zudem immer wieder als großzügiger Geldgeber, der sich nicht lumpen lässt und die finanzielle Seite des lebendigen Wiedaer Dorflebens, wie eben die Krippenweihnacht, mit beachtlichen Beiträgen abzusichern hilft. Günthers Frau ist da etwas zurückhaltender, schüchterner. Widerspruchslos toleriert sie, was ihr Mann tut, schwimmt mehr oder weniger in seinem Kielwasser mit.

In diesem Jahr wird Günther das erste Mal seine eigene große Weihnachtskrippe dem neugierigen Publikum vorstellen. Dieses Privileg bekommt nicht jeder so schnell zugesprochen. Neben seinem Haus, vor der Garage, wird eine Krippe entstehen, wie sie Wieda noch nicht gesehen hat. Damit wird er sich, zumindest hier im Ort, unsterblich machen. Ein Denkmal werden sie ihm setzen – dem Mann, dank dessen Krippe Wieda zum weihnachtlichen Wallfahrtsort aufsteigen wird, weit über den bisherigen Bekanntheitsgrad hinaus. Heerscharen von Pilgern sieht er in das kleine Harzdorf einfallen, aus ganz Europa und – na klar, auch aus Übersee. Staunend stehen die Gäste aus den USA dann vor seiner Krippe und besinnen sich auf ihre deutschen Wurzeln. Sie gedenken der alten weihnachtlichen Traditionen ihrer Urgroßeltern, die einst vom Harz nach Amerika ausgewandert sind.

Eingebettet in das wärmende Wohlgefühl seiner Tagträume bastelt er an der Krippe. Er ist in diesen Tagen nicht mehr dienstlich unterwegs, hat seinen Jahresurlaub auf das anstehende Ereignis ausgerichtet. Er kann das als selbstständiger Handelsvertreter planen, wie er will. Die meiste Zeit werkelt er allein, hat sich nur zu Anfang bei ein paar Aufstellarbeiten helfen lassen. Er hämmert, zimmert und bastelt im Verborgenen. Es soll eine Überraschung werden und er weiß nicht, ob die Männer aus dem Krippenteam wirklich dichthalten können. Eine olivgrüne Sichtschutzplane zieht sich vom Wohnhaus über die Grundstückszufahrt bis zum Zaun um die Garage herum. Damit auch niemand – wirklich niemand! – sehen kann, was er Grandioses zusammenbaut. Allein seiner Frau gestattet er einen gelegentlichen Blick hinter die Kulissen. Sie wird keinem etwas verraten, darauf kann er sich verlassen. Das Privatleben der Eheleute ist für andere tabu. Das haben sie sich geschworen. Nichts dringt nach draußen, nichts kommt von außen herein.

So entsteht im Geheimen eine wuchtige Hütte, der Stall von Bethlehem. Sie ist aus rohen Planken gezimmert, mit Fichtenzweigen behängt. Drei Wände, zur Straße hin offen. An der Rückwand ist eine Tür eingelassen. Tritt man hindurch, steht man direkt vor der Garage, die jetzt vollgestopft ist mit all den Materialien, Werkzeugen und Ablageflächen, die er braucht, um die Krippe nach seinen Vorstellungen auszugestalten. Seinen Dienstwagen, ein Van, in dem er unterwegs zur Not übernachten kann, hat er für die Zeit der Krippenweihnacht an der Straße geparkt, direkt hinter dem Polo seiner Frau.

Günther ist ein geschickter Tüftler und Modellbauer. Das kommt ihm zugute, als er sich daranmacht, lebensgroße Figuren zu modellieren. Auf Holzuntergestellen formt er aus Bauschaum Schafe, einen Esel, ein Rind. Für die Menschenfiguren hat er sich Schaufensterpuppen aus einem Pleite gegangenen Modegeschäft besorgt. Das Bett mit dem Christuskind darin ist ein alter Schlachttrog, der ihm zufällig auf einer seiner Dienstreisen in die Hände gefallen ist. Er hat ihn auf jeder Seite mit je zwei gekreuzten Holzbeinen versehen, sodass er einen festen Stand hat. Löchrige Decken und Tücher bilden die Gewänder von Maria und Josef. Die Puppe in der Krippe ist in ein zerteiltes Bettlaken gewickelt. Das nackte Betonpflaster, auf dem das Bauwerk steht, hat er dick mit Stroh ausgelegt, einzelne Strohballen dienen als Sitzgelegenheit für Maria und Josef. Die beiden Hirten müssen stehen.

Und Scheinwerfer! Die hat er auch installiert. Links und rechts steht je ein kleiner Mast mit Baustrahlern. Sobald die Plane fällt, wird er sie einschalten und die Krippe in hellem Glanz erstrahlen lassen.

Und dann ist der Tag endlich gekommen. Vor Günthers Haus hat sich am Abend eine beachtliche Anzahl Menschen eingefunden, von denen nicht wenige von außerhalb angereist sind, um Zeugen des von ihm im Internet groß angekündigten Ereignisses zu werden. Nur noch ein paar Minuten, dann wird der Bürgermeister seine Begrüßungsworte zur Krippenenthüllung sprechen und danach den Blick auf Günthers Meisterwerk freigeben, für ihn gleichbedeutend mit dem Startschuss zu vier Wochen Wiedaer Krippenweihnacht.

Günther ist nervös. Sein Herz schlägt wie vor seinem ersten Kuss. Er steht neben dem Bürgermeister und neben ihm, mit etwas Abstand, steht Maria, seine Frau. Die Jungfrau Maria, wie er sie in den vergangenen Tagen gelegentlich im Scherz genannt hat. Worüber sie jedoch nicht hatte lachen können. Es sieht aus, als gehöre sie nicht zu den beiden Männern dazu.

Günther kann es kaum erwarten, dass der Bürgermeister endlich zum Ende seiner Rede kommt und die entscheidenden Worte spricht. Der Moment, wenn er den kabellosen Lichtschalter in seiner zittrigen Hand betätigen darf. Der Moment, wenn die Krippe sichtbar wird. Der Moment, wenn der Jubel losbricht – der Moment seines Triumphes!

Rückblende

Ein halbes Jahr zuvor, Ende Mai, nimmt die MSC Preziosa Kurs auf Island. An Bord befinden sich weit über dreitausend Passagiere, die diese elftägige Kreuzfahrt gebucht haben – Paare, ganze Familien oder Alleinreisende aus unterschiedlichen europäischen Ländern, vorwiegend aus Deutschland.

Unter ihnen sind vier Frauen, die die Kreuzfahrt ohne Partner unternehmen. Drei von ihnen reisen allein, die vierte mit ihrer Schwester. Man mag es göttliche Fügung nennen oder Schicksal, vielleicht hat auch Neptun seine Finger im Spiel gehabt; jedenfalls begegnen sich diese vier Frauen vormittags in einem der Salons. Sie sitzen in Sesseln vor den Panoramafenstern mit Blick auf das offene Meer. Vor ihnen liegt ein Seetag ohne Landausflüge oder andere Ablenkungen. Während sie mit Blick auf die träge dahinrollenden Wellen ihre Getränke schlürfen, kommen sie ins Gespräch und stellen sich einander vor.

Karla ist verheiratet, hat keine Kinder. Sie kommt aus Wuppertal, arbeitet als Zahntechnikerin. Ihr Ehemann Rainhard ist Fernfahrer. Immer große Touren, vornehmlich Osteuropa. Ellinor, die Sekretärin aus Magdeburg, ist verlobt. Mit Markus, Schiffskoch auf einem Stückgutfrachter. Sie hofft nach wie vor, dass sie irgendwann einmal heiraten. Wenn Markus denn mal wieder Heimaturlaub hat. Heiraten kann man ja in jedem Alter, fügt sie etwas resigniert hinzu.

Barbara aus Hildesheim arbeitet als Apothekerin. Sie ist alleinerziehend, hat einen zweijährigen Sohn, der während der Reise bei ihrer alten Mutter untergekommen ist. Die Mutter hat ihr auch diese Reise finanziert. Der Vater ihres Sohnes ist untergetaucht. Sie weiß nicht, wo er sich befindet. Hartmut, unter dem Namen kennt sie ihn, hat sie nach Strich und Faden betrogen. Er war ständig auf Montage. In Afrika, Asien, den arabischen Ländern. Bauwerke zur Energieversorgung errichten. Dann hat er eines Tages angeblich eine Kaution benötigt, um wieder aus einem dieser Länder herauszukommen, in denen er wegen eines Zwischenfalls festgehalten wurde. Sie war naiv genug, ihm zu glauben und ihm ihre ganzen Ersparnisse zu überlassen. Das Geld war weg und der Kerl auch. Unterhalt für ihren Sohn hat sie nie gesehen. Keinen Cent. Wie auch, wenn man etwas von jemandem haben will, dessen Identität eine einzige Lüge gewesen sei, sagt sie. Das habe sie bei ihrer Suche nach ihm erfahren müssen.

Maria schließlich, die Vierte in der Runde, erzählt von ihrem ereignislosen Leben als Fleischereifachverkäuferin hinter der Wursttheke eines Supermarktes in Bad Sachsa im Harz. Sie wohne in einem kleinen Ort in der Nähe ihres Arbeitsplatzes, in Wieda. Dorthin sei sie mit ihrem Mann im Sommer letzten Jahres gezogen, aus ihrer Mietwohnung in Fulda in ein kleines Häuschen, das sie sich gekauft hätten. Günther, ihr Mann, sei selbstständiger Handelsvertreter, der sehr gut verdiene. Sie bekomme ihn kaum zu Gesicht, weil er so viel unterwegs sei. Ein Schicksal, das sie mit Karla und Ellinor teile und irgendwie ... na ja ... irgendwie ja auch mit Barbara. Ihr und ihrem Günther habe sogar immer die Zeit gefehlt, sich um Nachwuchs zu kümmern. Mittlerweile sei es aber ohnehin zu spät. Sie lässt ein bitteres Lachen folgen. Dann erzählt sie von ihrer Schwester, deren Mann vor einem Jahr gestorben ist und die sie zu dieser Reise überredet hat. Damit sie mal auf andere Gedanken kommt, sagt sie. Schließlich zieht sie ein Foto heraus, das sie und ihren Mann vor einem hellgelben, holzverschalten Häuschen mit spitzem Ziegeldach und Sirene darauf zeigt.

„Das sind Günther und ich vor dem Glockenturm in Wieda", sagt sie und reicht das Foto herum.

Maria bemerkt die Veränderung, die plötzlich in den drei Frauen vor sich geht. Aus ihren Gesichtern weicht alle Farbe, ihre Augen weiten sich, die Hände beginnen zu zittern. Sie stürzen ihre Getränke hinunter, sagen kein Wort mehr. Es dauert eine Weile, dann zieht erst Karla und schließlich auch Ellinor ein Foto aus der Tasche. Auf einem ist ein Mann vor einem Vierzigtonner zu sehen, im Hintergrund irgendein Grenzübergang.

„Rainhard“, sagt Karla mit tonloser Stimme.

Markus wiederum steht am Herd in einer Kombüse, in seinem Rücken ein Bullauge, durch das schemenhaft die Horizontlinie zu erkennen ist, an der sich Meer und Himmel vereinen.

Barbara hat kein Foto dabei. Sie hat alle Erinnerungen geschreddert, sagt sie leise. Aber hätte sie eins, sähe der Mann darauf aus wie Rainhard, Markus oder eben ... Günther.

Dann schweigen die Frauen wieder. Ein unbeteiligter Beobachter würde sehen können, wie die widerstrebenden Gefühle in ihnen Amok laufen. Nach einer Weile stecken die Frauen die Fotos zurück in ihre Taschen, erheben sich kurz darauf, gehen ohne ein weiteres Wort ihrer Wege.

In den folgenden Tagen begegnen sich die Frauen nicht mehr. Auf einem so großen Schiff mit so vielen Menschen fällt es leicht, sich aus dem Weg zu gehen. Erst als die MSC Preziosa Island umrundet hat und die Shetlandinseln ansteuert, treffen sie sich am Ort ihres Kennenlernens wieder. Dieses Mal ist es nicht Schicksal, sondern ein von bestimmter Absicht gesteuerter Drang. Marias Schwester ist auch dabei. Unabhängig voneinander scheinen sie zu derselben Erkenntnis gelangt zu sein. Das stellen sie schon nach den ersten Worten fest, als sie ihre Köpfe verschwörerisch zusammenstecken. Sie müssen und sie werden handeln. Gilt es nur noch zu überlegen, wie.

Am Ende ihrer konspirativen, mehrere Stunden und etliche anregende Getränke währenden Sitzung haben sie alle Hemmungen über Bord geworfen und einen wasserdichten Plan entwickelt. Barbara, die Apothekerin, und Karla, die Fleischereifachverkäuferin aus Wieda, sind die entscheidenden Stützen dieses Plans, der auch für Karla und Ellinor eine wichtige Aufgabe vorsieht. Zusammen mit Barbara werden die beiden die Rollen ihres Lebens spielen.

Zurück zur Krippenenthüllung nach Wieda:
„Wir freuen uns, euch in diesem Jahr eine neue Krippe präsentieren zu können“, hört Günther den Bürgermeister sagen. „Unser Freund hier“, dabei klopft er Günther auf die Schulter, „hat ein großes Geheimnis aus seiner Arbeit gemacht. Umso gespannter sind wir, was sich hinter der

Plane verbirgt. Also dann, Günther, zeige den Leuten, was du geschaffen hast. Vorhang auf!"

Günther drückt den Funktaster, die Scheinwerfer verströmen ihr helles Licht. Und während er nervös an der Leine herumfummelt, mit der die Plane in Position gehalten wird, intonieren drei Hobby-Blechbläser aus dem Oberdorf „Alle Jahre wieder".

Dann ist der Knoten in der Leine gelöst. Der Vorhang fällt. Günther blickt nicht zu seiner Krippe. Er weiß ja, was hinter ihm steht. Stattdessen gehen seine Augen in die Menge, schauen in erstaunte Gesichter und weit aufgerissene Münder, aus denen ihm ein erstauntes, raunendes „Ooooh!" entgegenschlägt, gefolgt von donnerndem Applaus und plötzlich von Gelächter.

Gelächter?

Tatsächlich! Die Leute lachen, deuten mit ihren Fingern auf ihn ... nein, die Fingerzeige sind an ihm vorbei auf seine Krippe gerichtet. Die Blechbläser haben mitten im Lied aufgehört zu spielen.

Jetzt reagiert Günther, fährt herum zu seiner Krippe. Alles, wie es sein sollte. Außer ... Die drei Wesen, die sich dort nebeneinander vor dem Schlachttrog mit dem Christuskind aufgereiht haben, sind definitiv keine seiner Figuren. Er hat sie da nicht hingestellt. Würdevoll und erhaben sehen sie aus – in verschiedenfarbigen, bodenlangen Gewändern, darüber tragen sie schwere Umhänge mit weißem Pelzbesatz und eingewebten funkelnden Mustern. Zwei von ihnen tragen Kronen auf ihren langen, wallenden Haaren, das dritte Wesen ist dunkelhäutig und trägt einen Turban. In ihren Händen halten sie kleine goldene Täschchen. Das Erstaunlichste aber – sie stehen nicht steif da wie Schaufensterpuppen. Sie bewegen sich! Und es sind, jetzt erkennt es auch Günther, Frauen! Drei Frauen, von denen die linke einen Schritt vortritt, dem wie versteinert dastehenden Bürgermeister das Mikrofon aus der Hand nimmt und zu sprechen beginnt:

„Guten Abend, meine Damen und Herren", sagt sie, „wir freuen uns, Sie hier so zahlreich anzutreffen. Wir", sie wendet sich kurz nach rechts den anderen beiden zu, „wir kommen aus dem Morgenland und sind auf dem Weg nach Bethlehem. Aber der Stern, dem wir folgen, hat uns zuvor zu einem Abstecher nach Wieda geführt." Kurze Pause, damit ihre Worte sacken können. Dann: „Vermutlich ahnen Sie jetzt schon, mit wem Sie es zu tun haben. Richtig: Wir sind die heiligen drei Königinnen. Karla, Ellinor und Barbara." Sie schmunzelt und fügt hinzu: „Ich weiß, Sie haben natürlich alte weise Männer erwartet. Aber die leidige Frauenquote.

Da können die Herren auch in unserer Branche nicht dran vorbei." Gemurmel im Publikum. Sie fährt fort: „Der Grund unseres Kommens ist jedoch nicht das Christuskind in der Krippe hinter uns, sondern der Erbauer dieser wunderbaren Unterkunft für das hochheilige Paar." Sie zeigt auf Günther, der wie paralysiert und mit offen stehendem Mund dem Auftritt folgt. „Unser Besuch gilt Günther, dem treulosen Ehemann von Maria. Oder Rainhard, wie er sich auch nennt. Der gleichzeitig mit mir, Karla, verheiratet ist."

Königin Karla reicht das Mikrofon weiter an die Frau mit dem Turban. Die tritt vor. „Und mit mir, Ellinor, ist Günther verlobt. Allerdings kenne ich ihn nur als Markus, den Schiffskoch." Sie wirft dem immer weiter in sich zusammensackenden Krippenbauer einen vernichtenden Blick zu und übergibt das Mikrofon an die Dritte im Bunde. Die geht auf Günther zu, packt ihn mit unerwarteter Kraft am Kragen, zieht ihn zu sich heran, sodass sich ihre Nasen fast berühren.

„Und ich bin Barbara! Erinnerst du dich, du alter Hurenbock? Du hast einen kleinen Sohn mit mir, Günther oder Hartmut oder wie immer du in Wirklichkeit heißt. Mein ganzes Geld hast du mir abgeluchst, mich belogen und mich dann mit dem Kleinen im Dreck sitzen lassen! Du bist so ... so ein ... Mistkerl! Pfui Teufel!" Angewidert stößt sie ihn von sich, spuckt aus und wendet sich mit einem Ruck von ihm ab. Sie drückt dem Bürgermeister das Mikrofon wieder in die Hand. Zusammen mit ihren beiden Gefährtinnen verlässt sie die Hütte. Sie verschwinden aus dem Scheinwerferlicht und aus den Augen der Zuschauer.

Der Jubel ist längst in betretenes Schweigen umgeschlagen. Die ersten der umstehenden Gäste schleichen sich still davon. Alle anderen starren auf Günther, der, den Kopf gesenkt, nach einem Loch sucht, wie es scheint. Ein Loch, in dem er sich verkriechen kann. Als er das nicht findet, wirft er einen waidwunden Blick zur Straße hin. Fünf oder sechs Personen stehen noch dort, tuscheln miteinander, ehe auch sie davongehen. Der Bürgermeister und die Blechbläser sind nirgends mehr zu sehen. Immer noch hält er den Funktaster in der Hand. Er drückt ihn, das Scheinwerferlicht erlischt. Dann schleicht er durch die Tür in der Rückwand der Krippe von der Bühne.

An dieser Stelle könnte die Geschichte zu Ende sein, aber das ist sie nicht.

Günther findet das Haus leer vor. Maria ist verschwunden. Sie hat ihm einen Zettel hinterlassen. Ein paar schnell hingekritzelte Zeilen. Er solle nicht nach ihr suchen. Sicher habe er außer den drei heiligen Königinnen noch andere Ehefrauen und Geliebte, bei denen er unterkriechen könne. Sie mache sich daher keine Sorgen um ihn, dass er allein bleibe. Er solle gut auf sich aufpassen und nicht vergessen, sein Medikament zu nehmen.

Es wundert ihn, dass Maria in diesem tragischen Schauspiel noch an seine Herzschwäche denkt. Er wird ihre Mahnung befolgen. Er schließt das Haus ab, lässt die Rollläden herunter, löscht alles Licht. Nichts mehr hören, nichts mehr sehen. Vor allen Dingen, nicht mehr gesehen werden.

Die Nachricht von Günthers Tod erreicht Maria einen Tag vor Heiligabend. Sie ist bei ihrer Schwester untergekommen. Der Bürgermeister höchstpersönlich ruft an. Günther habe seinem Arzt zufolge einen Herzinfarkt erlitten und niemanden zu Hilfe rufen können. Er habe sich nach jenem fürchterlichen Abend ja regelrecht verbarrikadiert gehabt und sich nicht mehr blicken lassen. Jeder Versuch, mit ihm zu sprechen, sei gescheitert. Irgendwann habe man sich aber Sorgen gemacht und die Tür aufgebrochen, um nachzusehen. Da war es natürlich schon zu spät gewesen.

Maria dankt dem Bürgermeister mit tränenunterdrückter Stimme und legt auf. Augenblicklich schlägt ihr gespielter Jammer in Freude um. Der Reihe nach telefoniert sie mit den heiligen drei Königinnen und verabredet sich mit ihnen. Sie wollen zusammen das Weihnachtsfest feiern und auf ihren Erfolg anstoßen. Immerhin haben sie es geschafft, den Mann mit den vielen Namen dorthin zu befördern, wo er ihrer Meinung nach hingehört: ins Jenseits. Und das hat besser funktioniert als gedacht.

Aber wie hatte Barbara, die Apothekerin, doch auf dem Schiff gesagt, als sie ihren Plan entwickelt haben? „Mit Fingerhut ist es wie mit den meisten anderen Dingen auch: Auf die Dosis kommt es an." Nun, wenn sie es nicht wüsste, wer dann?

Die letzte Schicht

Die Führung ist beendet. Klaus Böttcher hat die Besucher gerade mit der kleinen Grubenbahn wieder nach draußen befördert. Jetzt kommt die Stunde, die nur ihm gehört. Unten im Berg. In der kleinen Kapelle in über 260 Meter Tiefe. Dort feiert er seine Andacht. Genau wie die Kumpel, die sich früher für ihre Weihnachtsfeier in der Frühstücksbucht versammelt hatten, die sie festlich hergerichtet hatten, um dort gemeinsam den Jahresausklang zu feiern. Die letzte Schicht.

Klaus hat diese Tradition in seine Zeit und in sein Leben als Führer im Bergwerksmuseum übertragen. Allerdings hat er keine Kumpel dabei. Es gibt niemanden, der mit ihm feiern würde. Die Museumsmitarbeiter sind lieber bei ihren Familien. Es stört ihn nicht, allein zu sein. Er ist ein Einzelgänger. Das mag seltsam anmuten, führt er doch regelmäßig Menschen durch die Stollen und erklärt ihnen den historischen Harzer Bergbau. Die Besucher nimmt er in Kauf, hat sich mit ihnen arrangiert. Wenn er mit ihnen in den Stollen unterwegs ist, funktioniert er wie eine Maschine, spult sein Programm ab, lässt keine noch so kleine emotionale Regung zu. Er könnte auf diese Arbeit verzichten, aber es ist die einzige Möglichkeit für ihn, an dem Ort zu sein, der ihm in dieser Welt wirklich etwas bedeutet.

Klaus kniet vor dem kunstvoll geschmiedeten Kreuz, das zwischen den beiden gemauerten Bögen angebracht ist, hinter denen die Stollen tiefer in den Berg führen. Er spricht ein stummes Gebet, dann erhebt er sich und tritt ein paar Schritte zurück. Er setzt sich auf die erste der verwitterten Holzbänke, auf denen sonst die Besucher dicht gedrängt hocken und seinen Vorträgen lauschen. Jetzt ist niemand da und er ist in seiner Einkehr ungestört. Er zieht den Rucksack zu sich heran, öffnet ihn und holt seine zuvor hergerichtete Vesper heraus. Eine Thermoskanne mit heißem Punsch. Kein Bier, das viel besser passen würde zu dem Kanten Brot, dem Stück Schinken und der harten Mettwurst. Aber es ist Weihnachten und zu Weihnachten trinkt man eben Glühwein oder Punsch.

Das ist Tradition. Auch hier, im Berg. Einen Flachmann mit Kräuterlikör hat er ebenfalls dabei. Und eine Wachskerze. Damit ist dem festlichen Rahmen Genüge getan.

Er zündet die Kerze an, lässt ein paar Tropfen Wachs auf den mitgebrachten Bierdeckel fallen, drückt die Kerze darauf fest. Dann kippt er sich den Deckel der Thermoskanne, der gleichzeitig als Becher dient, mit Punsch voll, schneidet sich mit dem Tscherpermesser Brot vom Kanten ab, dazu ein Stück vom Schinken. Schiebt sich beides nacheinander in den Mund. Kauend blickt er in die Kerzenflamme und hängt seinen Gedanken nach.

Und wieder kommen die alten Fragen in ihm hoch. Wie jedes Mal an diesem Tag seiner letzten Schicht, dem Tag vor Heiligabend, wenn der immer gleiche Teil seines Lebens wie ein Film vor seinem geistigen Auge abläuft. Wenn er sich fragt, ob der Weg, den er gegangen ist, vom Schicksal vorbestimmt war. Ob es eine Abzweigung gegeben hat, an der er blind vorbeigerannt ist. All die Jahre hat er darauf keine Antwort gefunden und er wird sie auch heute nicht finden. Er neigt dazu, sein Leben, so wie es ist, als schicksalsgegeben hinzunehmen. Als etwas, das einfach geschehen musste, egal wie sehr er sich bemüht hätte, es anders zu gestalten. Das macht es leichter für ihn – irgendwie erträglicher.

Plötzlich schreckt er aus seinen Gedanken hoch. Er lauscht in die Stille hinein, glaubt, in seinem Rücken ein leises Schlurfen gehört zu haben ... nein, eher ein Räuspern. Auf jeden Fall etwas, das er nicht hätte hören dürfen. Nicht jetzt, wenn er allein in seinem Berg ist. Er verharrt zwei, drei Sekunden, dann dreht er sich langsam um, blickt dorthin, wo der Stollen in die kleine Kapelle mündet.

Da steht jemand. Ein Mann? Ja, es ist ein Mann, den Konturen nach zu urteilen, die sich undeutlich gegen das Dunkel in seinem Rücken abheben. Er trägt einen Helm auf dem Kopf, einen von denen, die sie an die Besucher ausgeben.

„Wer sind Sie?", fragt Böttcher. „Wie kommen Sie hierher? Hat Sie jemand eingelassen? Die Führungen sind beendet."

Der Mann antwortet nicht. Rührt sich nicht. Schaut einfach nur zu ihm herüber. Unter dem Schirm des Helms sind seine Augen nicht zu erkennen. Böttcher spürt, wie sich in seinem Magen ein Kloß bildet. Er stellt den Becher mit Punsch auf die Bank. Das Tscherpermesser behält er in der Hand, seine Finger schließen sich fester um den Griff. Langsam erhebt er sich von der Bank.

Jetzt bewegt sich auch der Mann. An seiner Schulter hängt eine große, abgewetzte Tasche. „Bleib ruhig sitzen, Klaus", sagt er und kommt langsam auf ihn zu.

„Kennen wir uns?" Böttcher ist überrascht, seinen Vornamen aus dem Mund des Fremden zu hören. In ihm arbeitet es. Die Stimme – irgendwie kommt sie ihm bekannt vor. Wo hat er sie nur schon gehört?

Dann steht der Mann vor ihm. Dicke Winterjacke, schwere Stiefel, Handschuhe an den Händen. Noch immer weiß Böttcher nicht, ihn einzuordnen. Der Mann stellt die Tasche neben die Bank und nimmt seinen Helm ab. Ein von Narben entstelltes Gesicht. Brandnarben, die sich bis weit über seinen Schädel ziehen. Die noch vorhandenen Haarstoppeln ragen ihm wie eine Halbinsel in die Stirn, sind kaum noch als Frisur zu bezeichnen.

Böttcher starrt ihn an. Versucht, die Narben zu ignorieren und sich nur auf die Augen zu konzentrieren. „Martin?", fragt er unsicher. Sein Puls beschleunigt sich, als er zu begreifen beginnt. „Aber ... das kann nicht sein. Du ... du bist tot!"

„Na ja, das bin ich auch." Der Mann namens Martin grinst. Sein entstelltes Gesicht gerät dadurch noch mehr zur Fratze. „Martin Fuchs existiert nicht mehr. Aber wie ich sehe, bist du gesund und munter, mein alter Freund." Er legt Böttcher seine Hand auf die Schulter. Der spürt den kurzen Schmerz, als die Finger kräftig zudrücken. „Bist immer noch unter Tage unterwegs, wie ich höre. Erzählst den Leuten Geschichten über die schwere Arbeit damals." Ein kurzes, beinahe verächtliches Schnauben. „Du bist richtiggehend verheiratet mit dem Berg. Oder gibt es eine Frau, mit der du deine Liebe teilst?"

Er mustert Böttcher eindringlich. Der schüttelt den Kopf.

„Keine Frau", sagt er.

„Tja ... einmal Bergmann, immer Bergmann." Martin deutet auf die Bank. „Komm, setzen wir uns und erzählen ein bisschen. Du hast hoffentlich Zeit für deinen besten Freund. Das bin ich doch noch, oder? Auch wenn ich eigentlich tot bin?"

„Du bist abgehauen damals", entgegnet Böttcher ausweichend und lässt sich langsam nieder. Martin setzt sich neben ihn. „Bist der Polizei durch die Lappen gegangen. Wo warst du? Und was heißt das, Martin Fuchs existiert nicht mehr?"

Der Mann neben Böttcher deutet auf dessen Flachmann. „Kriege ich einen Schluck?", fragt er. Böttcher reicht ihm den Kräuterlikör. Martin trinkt, gibt ihm den Flachmann zurück. „Ich hatte Glück", sagt er dann, leckt sich über die Lippen. „Großes Glück. Sogar mehrfach. Erst treffe ich diesen abgerissenen Kerl auf dem kleinen Flughafen in Alaska. Der Typ sah mir so was von ähnlich, das glaubst du nicht. Wir sind mit dem Bus weiter. Ich weiß nicht, wo er hinwollte. Er kam aus Süddeutschland, keine Familie, keine Angehörigen. Unser Bus ist unterwegs verunglückt. Abhang runter. Feierabend. Ich und ein paar andere haben überlebt. Nur ein paar Schrammen. Franz Hertlein, so hieß mein Doppelgänger, war tot. Ich habe in dem Chaos meine gefälschten Papiere gegen seine getauscht. Hat keiner gemerkt. Jetzt bin ich Franz Hertlein."

„Und die Narben?", fragt Böttcher. „Auch von dem Unfall?"

Martin schüttelt den Kopf. „Nein, das war später. Ich habe bei einer Truppe gejobbt, die da oben nach Gold geschürft hat."

„Gold geschürft?", wundert sich Böttcher.

„Ja, das machen die da noch. Nicht wie Touristen, die mit ihren Schalen im Bach hocken und auf das große Glück hoffen. Die Typen, bei denen ich gearbeitet habe, gehen mit schwerem Gerät vor in ihrem Claim. Na ja, in unserer Unterkunft ist eines Nachts Feuer ausgebrochen. Hab wieder Glück gehabt. Bin gerade so rausgekommen. Aber ganz ohne Brandverletzungen ist es nicht abgegangen. Nicht nur im Gesicht. War 'ne beschissene Zeit."

„Und jetzt bist du wieder hier", stellt Böttcher fest und weiß nicht genau, was er mit dieser Erkenntnis anfangen soll. „Bist Franz Hertlein aus Süddeutschland."

„Richtig. So ist das", erwidert Martin. „Du hast mich noch gar nicht nach Andrea gefragt", fügt er hinzu. „Willst du nicht wissen, was mit ihr passiert ist?"

„Warum sollte mich das noch interessieren nach der Scheiße, die sie mit dir zusammen gebaut hat?", faucht Böttcher giftig. Bei der Erwähnung des Namens schlägt sein Herz schneller. Seine Hände ballen sich zu Fäusten. „Sie ist mit dir abgehauen! Sie war so dumm, sich auf dich einzulassen und mit dir den Einbruch durchzuziehen! Ihr habt diesen Wachmann fast umgebracht!", erregt er sich. „Tagelang waren die Zeitungen voll von der Geschichte und der Fahndung nach euch. Ich wusste von nichts! Ihr habt das hinter meinem Rücken geplant und durchgezogen. Ich war wie vor den Kopf gestoßen! Freunde! Pah!"

Martin nickt. „Ich weiß", sagt er. „Wir wollten dich aus allem raushalten. Gerade weil wir Freunde waren. Du hättest ... du warst ... zu weich für so was ... dachten wir.“ Er sieht Böttcher fragend an. „Oder hättest du mitgemacht, wenn wir dich eingeweiht hätten?“

„Herrgott noch mal! Natürlich nicht! Aber dass sich Andrea dazu überreden lässt ... ich habe es einfach nicht kapiert. Was hat sie bloß an dir gefunden? Wie konnte sie nur so blind sein? Sie hätte hier ein anständiges Leben führen können, anstatt mit dir abzuhauen!“

„Ein anständiges Leben“, höhnt Martin. „An deiner Seite, meinst du?“

„Allerdings. Ich habe sie geliebt! Das wusstest du. Aber du musstest ja ... ach, verdammt!“ Böttcher ringt nach Luft.

„Sie ist nicht mit mir abgehauen“, sagt Martin.

„Nicht?“

„Nein. Direkt nach dem Bruch haben wir uns getrennt. Wir wollten uns am Tag danach treffen, nachdem ich mich um die falschen Pässe gekümmert hatte. Dann wollten wir die Beute aus dem Versteck holen und untertauchen. Ich hatte alles genau geplant. Wir wären längst über alle Berge gewesen, ehe auch nur ein Verdacht auf uns gefallen wäre. Aber Andrea ist nicht am Treffpunkt erschienen. Stattdessen ist plötzlich die Polizei aufgetaucht und ich musste Hals über Kopf verschwinden. Ohne Andrea. Und die Beute konnte ich auch nicht mehr holen.“

„Das wusste ich nicht“, murmelt Böttcher.

Martin blickt ihn einen Moment an. Es scheint, als wolle er Böttcher mit seinen Augen durchbohren. „Doch, das wusstest du“, sagt er dann.

„Wie bitte? Was redest du da? Woher hätte ich das wissen sollen?“

„Von Andrea. Sie war am Abend vor unserer Flucht bei dir.“

„So ein Quatsch!“, empört sich Böttcher. „Wer hat dir denn den Floh ins Ohr gesetzt?“

„Wilhelm hat Andrea zufällig gesehen, als sie mit dem Fahrrad zu dir gekommen und ins Haus gehuscht ist.“

„Der alte Oschmann?“

„Genau der.“ Martin lehnt sich in der Bank zurück, richtet seine Augen auf das Kreuz vorn zwischen den beiden gemauerten Bögen. „Ich habe Andrea auch geliebt“, sagt er. „Mehr, als du dir vielleicht vorstellen kannst.“ Er spricht leise, doch in Böttchers Ohren klingt es wie Donnerhall. „Ich hatte immer Kontakt zu Wilhelm. All die Jahre. Er ist jemand, auf den ich mich verlassen konnte. Kein Verräter wie du. Er wusste, was wir getan haben. Ich habe es ihm erzählt. Und immer habe ich ihn gefragt, ob er etwas von Andrea gehört hat. Er hatte mir versprochen, Augen und Ohren offen zu halten. Aber nichts. Vor Kurzem dann hat er mir alles erzählt, was er an jenem Abend beobachtet hat."

Martin hält inne, wendet sich Böttcher zu, der mit gesenktem Kopf zu Boden starrt. „Weißt du, was er noch gesagt hat?", fragt er.

Böttcher schüttelt zögernd der Kopf. Er weiß es nicht, aber er ahnt es.

„Er hat dich gesehen, als du hier an der Grube aufgetaucht bist. Du weißt ja, er streunt spät abends gern in der Gegend herum. Das macht er noch immer mit seinen achtzig Jahren. So ist er nun mal. Du hast etwas aus deinem Auto gehoben. Muss ziemlich schwer gewesen sein, hat er gemeint. Irgendein längliches Teil, wie eine Teppichrolle. Du hast sie auf deine Schulter gewuchtet und bist damit im Stollen verschwunden. Er hat sich an dem Abend keinen Reim darauf machen können. Nicht auf Andreas Besuch bei dir und nicht auf die Rolle, die du in den Berg geschleppt hast. Erst später muss er geahnt haben, was vorgefallen ist. Aber er hat es mir nie gesagt. Bis zuletzt hat er es für sich behalten. Vermutlich, weil er auch dich schützen wollte. Er wusste ja, wir sind Freunde." Martin atmet tief ein. „Tja ... Weihnachten ist anscheinend die Zeit, Geheimnisse zu offenbaren. Und das solltest du jetzt auch tun."

Es vergehen ein paar Minuten. Martin wartet und Böttcher sucht nach Worten. Er weiß, es hat keinen Sinn zu lügen. Vielleicht ist das der Moment, den er gefürchtet hat, weil er immer wusste, dass er eines Tages kommen würde.

„Sie hat sich bei mir ausgeheult", beginnt er schleppend. „Die Sache mit dem Wachmann, das hat sie fertiggemacht. Das war nicht geplant, hat sie immerzu gewimmert. Ich war schockiert. Aber sie war zu mir gekommen. Weil sie mich liebt, habe ich gedacht. Ich hätte alles für sie getan. Ihr ein falsches Alibi geben, was weiß ich. Sie soll bei mir bleiben, habe ich gesagt. Aber sie wollte nicht. Sie wollte mit dir abhauen. Weil du ihre große Liebe bist, hat sie gesagt. Sogar den Ort, wo ihr euch treffen wolltet, hat sie mir verraten. Auch den Zeitpunkt. Keine Ahnung, warum. Ich war für sie wohl so etwas wie ein Beichtvater, der ein Schweigegelübde abgelegt hat. Bei dem sie ihr Gewissen erleichtern und allen Dreck abladen kann, ohne dass es Konsequenzen hat." Böttcher lacht auf und schüttelt den Kopf. „Wozu Freunde eben so da sind." Er faltet seine Hände, knetet sie. Jetzt kommt der Teil, den er am liebsten aus seinem Gedächtnis, aus seinem Leben löschen würde. Den er rückgängig machen würde, wenn er es könnte. „Ich habe sie angefleht zu bleiben", fährt er leise fort. „Ich hab ihr gesagt, dass wir eine Lösung finden. Ich habe sie festgehalten. Sie hat sich losgerissen und ist unglücklich gestürzt. Sie war sofort tot.“ Er wendet sich zu Martin, sieht ihm direkt ins Gesicht. „Es war ein Unfall! Ich wollte das nicht, das musst du mir glauben!“

Martin mustert ihn einen Moment. „Und dann hast du sie hierhergebracht. In deinen Berg. Hast sie im Stollen begraben. Unter Steinen. In irgendeiner Bucht, wo sie keiner findet. Du kennst den Berg besser als jeder andere.“

Böttcher nickt. „Hier bin ich ihr immer nahe“, murmelt er.

Martin schnaubt verächtlich. „Du wirst jetzt ein Geständnis ablegen. Wirst aufschreiben, was du gerade gesagt hast.“ Er zieht ein gefaltetes Blatt Papier und einen Stift aus seiner Jacke. „Mir reicht es, wenn du gestehst, dass du sie getötet und im Stollen vergraben hast.“

„Das ... nein, das kann ich nicht machen!“, wehrt sich Böttcher.

„Doch, das kannst du.“

Böttcher schielt auf das Tscherpermesser, das neben ihm auf der Bank liegt, wägt seine Chancen ab.

Martin hat es bemerkt. „Denk nicht mal dran!“, faucht er.

Böttcher spürt plötzlich den Lauf einer Pistole an seiner Schläfe. Es ist aus. Er gibt sich geschlagen, beginnt mit zittrigen Fingern zu schreiben.

„Na also, warum nicht gleich?“, knurrt Martin und nimmt Zettel und Stift entgegen. „So, und darauf trinken wir jetzt.“ Er zieht einen Flachmann aus der Tasche und hält ihn Böttcher hin. „Hier, nimm davon einen ordentlichen Schluck. Echter kanadischer Whisky. Dagegen kannst du deinen Kräuterschnaps vergessen.“

Böttcher zögert, dann greift er zu. Er sieht, dass Martin die Pistole wieder verschwinden lässt. Zwar weiß er nicht, was jetzt mit dem Geständnis passiert, aber eine schwache Hoffnung keimt in ihm auf. Martin wird kaum damit zur Polizei gehen. Das würde unangenehme Fragen aufwerfen. Er setzt den Flachmann an den Mund, trinkt.

Der Kumpel, der die Besuchergruppe auf der ersten Stollentour nach Weihnachten durch das Bergwerk führt, ist eingesprungen. Für Böttcher, der nicht erschienen ist und auch den Telefonhörer nicht abgenommen hat.

Als die Gruppe die kleine Kapelle in über 260 Meter Tiefe erreicht, sehen die Besucher vorn auf der ersten Bank einen Mann in sich zusammengesunken sitzen. Links neben ihm steht eine abgewetzte Tasche, zur Hälfte gefüllt mit gebündelten Geldscheinen. Rechts neben sich hat er einen Flachmann stehen, ein Tscherpermesser liegt dort und ein Stück Brot. In einer Tupperdose befinden sich Schinken und Mettwurst. Der Punsch im Becher neben der Thermosflasche ist kalt. Dann sind da noch eine heruntergebrannte Kerze und ein Rucksack. In der Hand hält der Mann, der eindeutig tot ist, einen Zettel. Darauf steht etwas geschrieben über eine Frau, die er umgebracht und hier im Stollen begraben hat. Der tote Mann heißt Klaus Böttcher.

Schon wenige Stunden später steht fest, dass das Geld aus dem Raubüberfall vor etlichen Jahren stammt. Aber es ist nicht die gesamte Summe. Etwa die Hälfte fehlt. Alles deutet darauf hin, dass Böttcher damals der Täter war und sich jetzt in der Kapelle das Leben genommen hat. Das Gebräu in dem Flachmann ist kein Whisky – jedenfalls nicht nur. Vermutlich hat Böttcher Selbstmord begangen, weil er nicht länger mit der Schuld leben konnte, seine Komplizin getötet zu haben. Man wird die sterblichen Überreste so schnell nicht finden. Die Frau kann überall in den unterirdischen Gängen begraben sein.

Als die Polizei in dem kleinen Saal des Behördenhauses die Presse über den Ermittlungserfolg informiert, krachen draußen unweit des Gebäudes Böller. Um so die Aufklärung eines lange zurückliegenden Verbrechens zu feiern, könnte man meinen. Aber der Grund ist viel banaler: Ein paar Ungeduldige schaffen es mal wieder nicht, bis zum Jahreswechsel zu warten.

Ich finde, zu einer stimmungsvollen Weihnachtszeit gehören Märchen, die man sich erzählt oder vorliest. Ein Märchen soll daher auch am Schluss dieses Buches stehen.

Die Brüder Grimm haben es geschrieben, ich habe es nacherzählt und jeder kennt es ... Oder doch nicht?

Nun, wie so oft, kommt es auf die Perspektive an.

Der Wolf

Frei nach den Brüdern Grimm

Der Wolf lag zusammengekauert in seinem Unterschlupf und grämte sich.

Nichts konnte seine trüben Gedanken erhellen. Nicht einmal die Sonnenstrahlen, die sich von einem märchenhaft blauen Himmel ihren Weg durch die dichten Tannenzweige bis in sein Versteck bahnten. Nur ein paar schwache Seufzer hatte er für sie übrig.

In ungefähr zehn Minuten würde es kommen. Dieses kleine Mädchen mit dem roten Käppchen auf dem Kopf und dem Weidenkorb unter dem Arm, in dem sich Kuchen und Wein für die Großmutter befanden.

Ja, der Wolf kannte die Geschichte wohl! Er wusste auch, wie viele seiner Artgenossen im Laufe der Jahrzehnte schon dieser Begegnung ausgesetzt waren – mit immer dem gleichen grausamen Ende. Und heute war er an der Reihe.

Heute sollte wieder eine dieser rotbekappten Gören durchs Revier laufen, die er nach dem Ziel ihres Weges fragen musste. Ganz nebenbei fand er das reichlich idiotisch, wusste er doch genau, wohin sie ging.

Oh nein, fürchten tat sich der Wolf nicht! Er hatte keine Angst! Nicht einmal vor dem Tod! Aber es störte ihn gewaltig, dass er am Ende dieser Geschichte, wie alle seine männlichen Artgenossen in allen Geschichten, als der böse Wolf dastehen würde. Böse und tot. Tot? Na gut, sterben musste jeder mal. Aber böse? Das konnte er nur schwer verkraften, weil er im Herzen eigentlich ein lieber Wolf war, der keiner Menschenseele etwas zuleide tun wollte.

Schon als ganz kleiner Wolfsjunge hatte ihn seine Mutter auf seine Bestimmung vorbereitet. Sie hatte ihm immer wieder die Geschichten von seinem Großvater, seinem Vater und seinen Onkeln erzählt. Allesamt waren sie auf die gleiche erbärmliche Weise verendet, wie es auch ihm heute bestimmt war. Mit Ausnahme seines Onkels Ludolf, der musste bei den sieben Geißlein dran glauben.

So wie seine Mutter ihm die Schicksale seiner männlichen Familienmitglieder geschildert hatte, waren es Heldentode gewesen, die sie sterben mussten. Aber immer waren ihrem Ende diese Schandtaten vorangegangen, die seinem Geschmack ganz und gar zuwiderliefen. Da konnte seine Mutter so schön reden, wie sie wollte! Und gelogen hatte Mutter! Die Menschen hatten Hochachtung und Respekt vor den Wölfen, hatte sie gesagt. Alles Unsinn! Die Menschen fürchteten und verachteten den bösen Wolf!

Trotzdem war er bisher immer ein braver, folgsamer Wolf gewesen. Noch mehr, als von den Menschen verachtet zu werden, quälte ihn nämlich der Gedanke, seiner Gattung und damit seiner Mutter Schande zu bereiten. Wahrscheinlich hockte er aus diesem Grund auch hier, anstatt sich zu verdrücken und irgendwo in der weiten Welt sein Glück zu versuchen.

Vielleicht kann ich die Geschichte ja noch umbiegen, dachte er sich in seiner Verzweiflung. Ich werde Rotkäppchen sagen, dass ich es blödsinnig finde, sich gegenseitig umzubringen. Das wird sie einsehen und wir gehen gemeinsam zur Großmutter. Wenn sie ein gutes Wort für mich einlegt, darf ich vielleicht sogar eine Tasse Kaffee mit den beiden trinken ...

Aber was wird hinterher? Wenn ich zu Mama zurückgehe?

Der Gedanke an seine Mutter versetzte dem Wolf einen ziemlichen Schreck. Wie konnte er ihr nur wieder unter die Augen treten? Sie rechnete doch gar nicht damit, ihn lebend wiederzusehen! Es war ja längst alles für die Trauerfeier vorbereitet. Auch ein Platz im Buch der toten Helden war für ihn schon reserviert! Sicher würde er ihr Schande bereiten und für alle wäre sie nur die Mutter eines feigen Bastards. So weit durfte es nicht kommen. Er musste sich etwas einfallen lassen.

Dem Wolf blieb keine Zeit mehr, sein Hirn nach einer guten Idee zu durchstöbern. Rotkäppchen nahte! Munter hüpfte das Mädchen von einem Bein auf das andere und trällerte ein fröhliches Lied vor sich hin. Das Lied gefiel dem Wolf so gut, dass er einen Augenblick lang dem glockenhellen Stimmchen lauschte und darüber fast ein wenig froh wurde. Wenn Rotkäppchen so schöne Lieder singen kann, hat es sicher Verständnis für meine Situation, dachte er bei sich. Dann gab er sich einen Ruck, sprang aus dem Unterholz und verbaute dem Mädchen den Weg.

„Guten Tag, Rotkäppchen", grüßte er in aller Freundlichkeit, die er aufbieten konnte, und fügte hinzu: „Wohin so früh des Weges?" Ja, er hatte seinen Text gut gelernt!

Das konnte er von Rotkäppchen nicht behaupten. Anstatt arglos zurückzugrüßen oder wenigstens etwas Angst zu zeigen, musterte ihn die kleine Göre abschätzig und meinte mit verächtlich herabgezogenen Mundwinkeln: „Na endlich! Wird auch höchste Zeit, dass du auftauchst. Ich dachte schon, du hast dein Date mit mir verpennt."

Der Wolf verschluckte sich fast an seiner eigenen Luft. Was war das denn für ein Früchtchen? Wollte die sich über ihn lustig machen? Instinktiv bleckte er seine Zähne. Beinahe vergaß er, dass er ein abgrundtief lieber Wolf war.

„Ich ... äh ... willst du zur Großmutter?", stammelte er, um Fassung ringend.

„Klar, ey! Das weißt du doch, Mann!", maulte Rotkäppchen.

Der Wolf mühte sich, dem Kauderwelsch der Kleinen seinen eigenen, richtigen Text entgegenzusetzen. „Was trägst du denn da Schönes in deinem Korb?", improvisierte er – in der Hoffnung, Rotkäppchen würde endlich etwas ihm Geläufiges darauf antworten.

Stattdessen würgte das Mädchen den Dialog brutal ab. „Hör zu", sagte Rotkäppchen bestimmt, „lassen wir das lange Herumlabern. Wir wissen doch beide, worum es geht, oder? Also mach dich auf die Socken zu meiner Großmutter. Ich schlage mich noch ein paar Minuten in die Büsche, Blumen pflücken. Dann hast du genügend Vorsprung."

Der Wolf rührte sich nicht vom Fleck. Entgeistert starrte er das Mädchen an.

„Na los, nun hau endlich ab", drängelte Rotkäppchen.

„Ich ... ich kann nicht", krächzte der Wolf. „Ich kann das einfach nicht. Ich bin ein lieber Wolf."

Rotkäppchen warf den Kopf in den Nacken und lachte lauthals auf. „Was? Du und ein lieber Wolf?", rief sie. „Es gibt keine lieben Wölfe!"

„Aber ich mag die Großmutter nicht fressen", jammerte der Wolf, „und dich auch nicht."

„Blödsinn, du musst", entgegnete Rotkäppchen barsch, „du bist ein Wolf, also wirst du die Großmutter und mich fressen. Das war schon immer so und wird auch immer so bleiben. Da änderst du auch nichts dran.

Außerdem wirst du meinen schönen Plan nicht zerstören, nur weil du nicht tun willst, was sich für einen Wolf gehört."

Der Wolf wurde stutzig. „Was für ein Plan?", fragte er, denn er war nicht nur lieb, sondern auch neugierig.

Und Rotkäppchen war nicht nur kaltschnäuzig, sondern sie war sich ihrer Sache auch ziemlich sicher. Deshalb erzählte das Mädchen ganz freimütig: „Mensch, bist du blöd! Ist doch ganz einfach. Du frisst die Großmutter und mich. Der Jäger rettet uns und aus lauter Dankbarkeit will Großmutter ihm etwas schenken. Und weil sie mir nichts abschlagen kann, werde ich die Alte dazu bringen, dem Jäger ihr Erspartes zu vermachen. Das ist nicht gerade wenig, glaub mir."

Der Wolf, nicht nur lieb und neugierig, sondern auch halbwegs bei Verstand, begann zu kombinieren. „Was hast du denn davon, wenn der Jäger erbt?", fragte er, obwohl er die Antwort schon kannte.

Rotkäppchen grinste. „Der Jäger und ich, wir haben was zusammen. Und wenn er die Kohle bekommt, machen wir uns gemeinsam aus dem Staub. Ist doch ganz einfach, oder?"

Das war es in der Tat. Der Wolf kochte innerlich. Am liebsten hätte er diese Rotzgöre gleich hier mit Haut und Haaren gefressen. Aber das war an dieser Stelle der Geschichte sowieso nicht vorgesehen, und so wandte er sich ab und suchte das Weite. Er war so zornig und enttäuscht über das Verhalten Rotkäppchens, dass er ernsthaft erwog, ein böser Wolf zu werden. So wie die Dinge standen, schien es unmöglich, sich aus dem Schatten der Erwartungen und Vorurteile zu lösen. Niemand wollte mit einem lieben Wolf zu tun haben! Je näher ihn seine Schritte aber zu dem Haus unter den drei Eichen trugen, desto mehr flaute seine Wut ab.

„Ich kann es nicht", sagte er zu sich selbst, „ich werde mit der Großmutter reden. Man sagt, sie habe ein gutes Herz, und außerdem ist sie krank und bettlägerig. Sie wird mir sicher zuhören und nicht so patzig sein wie ihre unerzogene Enkeltochter."

Er erreichte das Haus und klopfte an die Tür.

„Ja, wer ist denn da?", kam die Stimme von drinnen.

„Hier ist Rotkäpp ... äh, nein, hier ist der böse ... ach was, der äh ... der liebe Wolf", stotterte er leise vor sich hin.

„Bist du es, Rotkäppchen? Komm herein, die Tür ist offen", rief die Großmutter. Der Wolf trat ein und sprang mit einem Satz auf das Bett der Großmutter zu, die vor Schreck aufschrie und sich das Deckbett vor die Augen zog.

„Hör zu, Großmutter“, hechelte der Wolf, „ich muss mit dir reden. Du brauchst keine Angst zu haben.“

„Nein!“, kreischte die Großmutter. „Du willst mich fressen. Ich kenne dich doch!“

„Gar nichts kennst du“, knurrte der Wolf ungehalten, denn die Zeit drängte, „du kennst mich nicht und den Jäger nicht und deine ungehobelte Enkelin schon gar nicht!“

„Bitte, bitte, lieber böser Wolf, mach es kurz“, wimmerte die Großmutter, „und wenn es geht, schling mich ganz herunter, damit der Jäger mich heil wieder aus dir herausholen kann.“

Der Wolf hielt es nicht mehr aus. Er packte die Großmutter mit seinen kräftigen Pfoten und schüttelte sie. „Jetzt lässt du endlich dein Gejammer sein und hörst mir zu!“, brüllte er, sodass die Großmutter schon vor Schreck ganz stumm wurde. Dann erzählte er hastig von Rotkäppchens unmoralischem Plan.

„Das glaube ich nicht“, keuchte die Großmutter. „Du bist der böse Wolf und böse Wölfe sind gemein, hinterlistig und sie lügen.“

Der Wolf ließ von der Großmutter ab. „Es hat keinen Zweck“, murmelte er, „wie ich es auch anstelle, niemand glaubt mir, dass ich ein lieber Wolf bin.“ Deprimiert zog er sich einen Küchenstuhl heran und setzte sich darauf. Den grauen Zottelkopf gesenkt, wartete er auf die Ankunft des Rotkäppchens und des Jägers. Sollten sie ruhig mit ihm machen, was sie wollten.

Als die Großmutter den Wolf so dasitzen sah, bekam sie Mitleid mit ihm. „Ich glaube fast, du bist wirklich nicht so wie die anderen Wölfe“, sagte sie mit Bedauern in der Stimme. „Wenn dir so viel daran liegt, dass ich dir deine Geschichte glaube, Wolf, dann lass uns Rotkäppchen auf eine Probe stellen. Ich verstecke mich im Kleiderschrank und du legst dich, mit meinen Kleidern angetan, ins Bett. Wenn Rotkäppchen dann kommt, wirst du mir beweisen müssen, dass etwas dran ist an deinen Worten. Einverstanden?“

Die Augen des Wolfes leuchteten. Natürlich war er einverstanden! Schnell schlüpfte er in das Nachtgewand der Großmutter, zog sich die Haube über den Kopf und kroch in ihr weiches, warmes Bett. Die Großmutter verbarrikadierte sich unterdessen im Kleiderschrank, den sie einen Spalt offen ließ. Dann warteten sie auf Rotkäppchen.

Das Mädchen kam wenige Minuten später. Ohne anzuklopfen und ohne ein Wort des Grußes stürmte es auf das Bett zu.

„Hallo, Wolf!", rief Rotkäppchen aufgekratzt.

„Ich bin deine Großmutter", wagte der Wolf einen schüchternen Einwand.

„Jetzt rede keinen Blödsinn", erwiderte Rotkäppchen, „oder hast du schon mal eine Großmutter mit so großen Ohren, so großen Augen und einem so großen Maul gesehen? Also kommen wir zur Sache: Du frisst mich jetzt und dann schläfst du ein bisschen ein. Und wenn dann der Jäger kommt ..."

Der Wolf richtete sich etwas im Bett auf und setzte mit lauter Stimme, sodass es die Großmutter hören konnte, fort: „... wenn der Jäger kommt, schnippelt er mich auf und holt dich und die Großmutter heraus. Dann vermacht die Großmutter aus Dankbarkeit dem Jäger ihr ganzes Vermögen und damit haut der Jäger dann ab. Habe ich das richtig kapiert?"

„Fast", entgegnete Rotkäppchen kalt lächelnd, „du hast vergessen, dass ich zusammen mit dem Jäger verschwinde, weil er und ich ..."

„Das reicht!", schrie die Großmutter und stolperte aus dem Schrank, „ich habe genug gehört! Nicht eine müde Mark seht ihr, du und dein Jäger! Mach, dass du mein Haus verlässt und lass dich nie wieder hier blicken!"

Rotkäppchen war der Schreck über das plötzliche Auftauchen der Großmutter derart in die Knochen gefahren, dass sie sich ohne ein Wort umdrehte und aus der Tür stürmte. Dabei riss sie fast den Jäger um, der soeben, die Flinte schon im Anschlag, das Haus betreten wollte.

„Und du wage es nicht, einen Fuß über meine Schwelle zu setzen!", wetterte die Großmutter dem Jäger entgegen.

Der Wolf konnte sich nur wundern, wie aus einer kranken Alten plötzlich ein so energiegeladenes Frauenzimmer geworden war. Amüsiert hockte er im Bett und verfolgte Omas Husarenritt.

Kaum war die Tür hinter den beiden Erbschleichern ins Schloss gefallen, da wandte sich die Großmutter zufrieden dem Wolf zu. „Ja, mein Lieber", sagte sie, „so wie es aussieht, hast du mich vor einer großen Dummheit bewahrt. Danke. Wenn du willst, können wir zusammen ein Stück Kuchen essen und ein Gläschen Wein miteinander trinken. Den Korb hat das Luder ja zum Glück hiergelassen."

Der Wolf ließ sich nicht zweimal bitten und sprang aus dem Bett. Sie aßen und tranken zusammen, erzählten und lachten. Nur selten hatte man eine so muntere Großmutter und noch nie einen so glücklichen Wolf gesehen.

Es war spät geworden, als der Wolf sich endlich verabschiedete. Doch auf dem Weg zur Tür hielt ihn die Großmutter noch einmal zurück. „Ach bitte“, sagte sie, „würdest du endlich meine Kleider ausziehen? Du siehst darin wirklich zu albern aus.“

Im Verlag CW Niemeyer bereits erschienen ...

Bauunternehmer Heinze verstrickt sich beim Bau einer riesigen Baumhotel-Anlage in illegale Machenschaften. Ein Mitarbeiter und Vertrauter Heinzes will auspacken. Zur selben Zeit wird Stefan Blume von Freundin Katja vor die Tür gesetzt. Ziellos reist er nun mit einem Wohnmobil im Harz umher. Auf einem Campingplatz lernt er einen Mann kennen, der einen USB-Stick mit brisanten Informationen bei sich trägt. Als ihn dieser Mann kurz darauf mit vorgehaltener Waffe zu einer gemeinsamen Fahrt ins Ungewisse zwingt, ahnen sie beide nicht, dass über dem Harz ein gewaltiger Sturm aufzieht. Mitten im tobenden Unwetter erfährt Blume, dass Katja verschwunden.

Roland Lange. Harzsturm
448 Seiten. Klappenbroschur. ISBN 978-3-8271-9337-7
E-Book 978-3-8271-9785-6 (ePUB)

Im Verlag CW Niemeyer bereits erschienen ...

Die Mutter der 15-jährigen Lucy fürchtet, ihre Tochter könne in die Fänge einer Sekte geraten sein, und bittet Stefan Blume um Hilfe. Blume sagt zu und quartiert sich in einer Pension in Braunlage ein. Wenige Tage später ist Lucy verschwunden. Bei seiner Recherche stößt er in Lucys Zimmer auf ein Notizbuch. Der Verfasser schildert darin seine und die Geschichte von fünf weiteren KZ-Häftlingen, mit denen er 1945 während der Todesmärsche über den Harz fliehen kann. Blume begreift, dass jemand unbedingt in den Besitz dieses Notizbuches gelangen will und dafür über Leichen geht.

Roland Lange. Harzhenker
416 Seiten. Taschenbuch. ISBN 978-3-8271-9364-3
E-Book 978-3-8271-8434-4 (Epub)

Im Verlag CW Niemeyer bereits erschienen ...

Zahlreiche Verbrechen geschehen im Schatten von Dresdens Striezelmarkt: Gerade dort, wo die Altstadt vor lauter Adventslichtern funkelt, tummelt sich das Böse im Dunkel der Gassen. Gut, dass die Beamten vom Revier Mitte besonders wachsam sind, wenn ein übereifriger Polizeistudent einen Raubzug vereitelt oder ein Teil der gestohlenen Schlossjuwelen wieder auftaucht. Und während August der Starke durch die Liebe gerettet wird, planen andere die Erpressung der geheimen Gewürzmischung des Dresdner Christstollens.

Joachim Anlauf.
Weihnachtsanektötchen – Spannende Geschichten aus Dresden
96 Seiten. Hardcover. ISBN 978-3-8271-9357-5

Folgt uns auf

#niemeyerbuch